Langenscheidt

Politiker-Deutsch
Deutsch-Politiker

Politiker verstehen – leicht gemacht

von Maybrit Illner
unter tatkräftiger Mitarbeit von
Dirk Krömer und Hermann Müller

Langenscheidt

Berlin · München · Wien · Zürich · New York

Langenscheidt Politiker-Deutsch / Deutsch-Politiker

Ein Buch von Maybrit Illner
unter tatkräftiger Mitarbeit von
Dirk Krömer und Hermann Müller

Layout: Andrea Forster
Cartoons: © Rattelschneck
Titelfoto: Frank Zauritz

Umwelthinweis: gedruckt auf chlorfrei gebleichtem Papier

Satz: Franzis print & media GmbH, München
Druck: Kösel, Krugzell
Printed in Germany
ISBN 978-3-468-73190-7
www.langenscheidt.de

1. 2. 3. 4. 5. 11 10 09 08 07

Inhalt

Vorwort

Es gibt in Deutschland mehr als 350 Ausbildungsberufe. Schirmmacher, Revolverdreher und Tapetendrucker – das kann man alles seriös lernen, mit Prüfung und allem Pipapo. Politiker ist kein Ausbildungsberuf. Politiker ist auch keine geschützte Berufsbezeichnung – ebenso wenig wie Ernährungsberater, Wellness-Coach oder Systemadministrator. Jeder dahergelaufene Ernährungsberater kann von heute auf morgen behaupten, Politiker zu sein.

Glücklicherweise gibt es Indizien, die darauf hindeuten, dass man es wirklich mit Politikern zu tun hat. Meist können sie auf Verlangen ein Parteibuch vorweisen. Oft haben Sie ein Mandat, mitunter einen Chauffeur, und in der Regel reden sie komisch. So komisch, dass man Schwierigkeiten hat, sie zu verstehen.

Die Sprache der Politiker besteht zu etwa gleichen Bestandteilen aus Beamtenkauderwelsch, PR-Deutsch und -Englisch, Slogans und aus bemüht volkstümlichen Floskeln. Mit letzteren wollen die Redner die (sprachliche) Nähe zu ihren Wählern herstellen. Das ist natürlich Augenwischerei. Genauso gut könnten sie mit einem Rolls-Royce zur Bürgersprechstunde fahren und für die letzten hundert Meter in einen Volkswagen umsteigen.

Das wissen wir Journalisten. Trotzdem machen wir es uns oft genug einfach und Ihnen, liebe Leser, schwer, indem wir die diversen Verlautbarungen einfach an Sie weiterreichen. Nach dem Motto: „Friss, Vogel, oder stirb!"

Mit diesem Buch halten Sie eine kleine Übersetzungshilfe in den Händen. Eine Gebrauchsanweisung für Politiker, gewissermaßen.

Um das noch vorwegzuschicken: Es geht hier nicht um Politikerschelte. Auch ein Therapeut beschimpft seinen Patienten nicht. Er versucht nur, ihn zu verstehen. Genau das ist mein Anliegen. So viel habe ich in meinem Journalisten-Leben ja schon gelernt: Die meisten Politiker *wollen* verstanden werden. Und geliebt. Und das Leben in unserem Land noch schöner und lohnenswerter machen. Sie sind keine schlechten Menschen. Sie sind nur Menschen, die unverständlich sprechen (ob aus Unvermögen oder mit Berechnung).

Außerdem, schauen wir doch mal in ein paar andere Länder:

In Ungarn gibt der Ministerpräsident in trauter Runde zu: »*Wir haben am Morgen, am Abend und in der Nacht gelogen.*« (Man fragt sich, wann der Mann mal schläft.)
Im russischen (wie auch im taiwanesischen, türkischen, mexikanischen) Parlament prügeln sich die Volksvertreter.

In der Ukraine haben sich unlängst zwei Abgeordnete vor dem hohen Haus gestritten; dabei fiel ein Schuss.
Im dänischen Parlament beleidigt eine ehemalige Pornodarstellerin Muslime.
In Italien streitet man sich, ob eine transsexuelle Abgeordnete das Damenklo benutzen darf …

Fazit: Wie so oft hilft ein Blick über die Grenzen, um zu erkennen, dass wir Deutschen eigentlich wenig Grund zum Jammern haben! Unsere Mandatsträger sind in der Regel kultivierte, pflichtbewusste und friedliche Zeitgenossen. Und was ihre etwas spezielle Ausdrucksweise angeht, so sollten wir lernen, ihre Sprache zu verstehen – und sie, unsere Sprache zu sprechen.
Da muss zusammenwachsen, was zusammengehört.

Maybrit Illner

Berlin-Mitte, 2007

Wahlkampf

Für den Profipolitiker heißt es frei nach Sepp Herberger: Nach der Wahl ist vor der Wahl. Auch wenn das kein Mandatsträger der Welt bestätigen wird: Weder Politikwechsel noch politischer Neuanfang noch kämpferische Opposition sind nach einer Wahl das wichtigste Ziel. Das besteht schlicht darin, in den kommenden vier Jahren dafür zu sorgen, dass man beim nächsten Mal mehr Stimmen bekommt.

Der Wahlbürger spürt das zum Glück nur in den letzten Wochen vor dem Urnengang. (Warum landen unsere Stimmzettel eigentlich in einer „Urne"? Sollen wir unsere Meinung beerdigen?) In jedem Fall ist die finale Wahlkampfphase eine famose Zeit, um in Fußgängerzonen kostenlose Luftballons, Kugelschreiber und Schnittblumen zu erbeuten. Es gibt Umzüge und Büttenreden.

Die gute Nachricht:	Der mündige Bürger weiß, dass er sowieso nur die Hälfte von dem glauben kann, was ihm da erzählt wird.
Die schlechte Nachricht:	Er weiß oft nicht, welche Hälfte.

Der Wahlkampf funktioniert nach einfachen Regeln. Versetzen wir uns doch mal kurz in die Lage eines Herrn in einer Bar, der die nette Dame zwei Hocker weiter für sich einnehmen möchte. Mal ehrlich: Sollte der als Erstes erzählen, wie verschuldet er ist? Oder wie er die letzte

Beziehung in den Sand gesetzt hat? Oder was andere Kerle besser können als er? Sehen Sie! So ungefähr funktioniert Wahlkampf: mit geschwellter Brust die eigenen Vorzüge herausstellen.

Das wichtigste Hilfsmittel dabei: Slogans.
Die Slogans denken sich die in Berlin aus.

Kleiner Test: In den folgenden Schlagwörtern haben wir einen Begriff versteckt, der nicht hineinpasst. Versuchen Sie mal, ihn zu finden. Es ist nicht ganz einfach.

Freiheit Sicherheit sozial

Zukunft Frieden Gerechtigkeit

Arbeit Stabilität Wachstum

Erneuerung Verantwortung

allgemeine Verbrauchssteuererhöhung ohne Rücksicht auf Verluste

Sie sagen, es ist der letzte Begriff? Glückwunsch! Sie können die Leitung der Kampa übernehmen. Oder der CDU-Wahlkampfzentrale. Aus allen anderen Begriffen bastelt jeder geübte Stratege mühelos die Schlachtrufe für die Wahlkampfauftritte.
Wichtig: Alles Tolle wird immer

»... für alle!«

gefordert. Es geht schließlich um Sie, um den Bürger da draußen im Lande.

Im Wahlkreis sollte der Slogan unbedingt garniert werden mit:

Unser Mann / Unsere Frau in Berlin.

Einer / Eine von uns.

Für uns nach Berlin.

Ob Regierung oder Opposition, im Wahlkampf schlägt die Stunde der Versprechungen. Die Versprechungen sollen aber nicht als Versprechungen rüberkommen. Sondern als Feststellungen:

»Wir werden die Lohnnebenkosten senken, die Vereinbarkeit von Familie und Beruf verbessern, die Bürokratie abbauen!«

Während man dies sagt, stellt man schon mal vorsorglich klar: Alle anderen machen haltlose Versprechungen.

Ehe sich der Politiker in Wahlkampfzeiten mit Inhalten belastet, erklärt er Ihnen lieber noch mal grundsätzlich, worum es geht: **Wir oder die!**

Was bieten wir?
»Harte Fakten und Aufklärung.«

Was bieten die?
»Wählerverdummung, haltlose Behauptungen und Sprüche.«

Wie machen wir Politik?
»Mit Leidenschaft, Augenmaß, aber auch konsequent.«

Wie machen die anderen Politik?
»Ohne jeden Sinn für die Realitäten.«

Was tut unsere Partei?
Standard: *»Sie betreibt verantwortungsvolle Politik.«*
Premium: *»Sie sagt dem Wähler auch unbequeme Wahrheiten.«*

Was tun die anderen?

» *Sie spielen bedenkenlos mit den Ängsten der Menschen.* «

» *Sie schrecken vor dumpfem Populismus nicht zurück.* «

» *Sie kämpfen um die Lufthoheit über den Stammtischen.* «

Was folgt aus dem Tun der anderen?

» *Da wird viel Porzellan zerschlagen. Das ist der Boden, auf dem Politikverdrossenheit gedeiht!* «

Was muss man selber tun?

» *Hart dafür arbeiten, dass die Bürger den Glauben an die Politik wieder zurückgewinnen.* «

Als **Inhalte** für Wahlkampfreden eignen sich Themen, von denen kaum einer was versteht (besser „Technologietransfer" als „Mineralölsteuererhöhung"). Sie sollten **positiv besetzt** sein (also besser „Kinder, Familie und Bildung" als „aktive Sterbehilfe").

Der Politiker sagt ungern:

» *Wir werden die Arbeitslosigkeit halbieren.* «
Das glaubt kein Mensch!

Er wird lieber sagen:

»*Wir werden die Ausgaben für Forschung und Entwicklung verdoppeln!*«

Dagegen hat schließlich keiner was einzuwenden. Kommen dennoch Nachfragen, redet er über Nanotechnologie oder über Datenautobahnen.

Eher nicht:

»*Wir werden die Renten erhöhen.*«

Variante: »*Wir werden die Renten anpassen.*«

Das ist besser, aber immer noch falsch. Das glaubt nämlich auch keiner.

Schon eher:

»*Wir werden auf dem Weg in die Wissensgesellschaft mehr in die Köpfe investieren.*«

Wie und wie viel ist egal; bei Nachfragen erzählt er irgendwas von Skandinavien.

Er wird kaum sagen:

»*Wir werden die Steuern senken!*«

Das geht gar nicht!

Gerade noch denkbar:

»*Mit uns wird es keine Steuererhöhungen geben!*«

Aber ganz bestimmt:

»Wir müssen Bürokratie abbauen, um die Wirtschaft von unnötigen Fesseln und Verkrustungen zu befreien.«

Bürokratieabbau kommt beim Publikum immer gut an, allerdings nur selten in der Realität.

Ehe der Wahlkämpfer ohne Not konkrete Aussagen macht, könnte er eine längere Passage über Nachhaltigkeit in der Politik einschieben.

Vorsicht beim Wahlkampf im Seniorenheim: Das Thema Generationengerechtigkeit ist hier pikant. Es ist nicht mit einem donnernden Schlussapplaus zu rechnen, endet die Rede mit:
»Wir können nicht alle Lasten auf die Schultern zukünftiger Generationen abwälzen!«

Besonders wichtig ist es, die eigenen Anhänger bei Laune zu halten. Das nennt man Mobilisierung, und die findet häufig im Bierzelt statt. Hier kann die Partei Stärke demonstrieren.

Es gibt Parolen, die ein müdes Publikum todsicher aufwecken.

CSU:	*Die Beneš-Dekrete müssen weg!*
CDU:	*Marx ist tot und Jesus lebt!*
FDP:	*18 +!* *Deutschland braucht die Liberalen!*
Grüne:	*Umweltschutz schafft Arbeitsplätze!*
Linkspartei:	*Krippenplätze hatten wir damals jedenfalls!*
SPD:	*Glückauf!*

Es wäre von einem Politiker zu viel verlangt, über alles gleich gut informiert zu sein. Er ist im besten Fall Fachpolitiker. Im Normalfall ist er Generalist. Der greift im Wahlkampf gern zu den sogenannten Argu-Cards – kleinen Kärtchen, die stichwortartig festhalten, was z.B. an der Gesundheits- oder der Steuerreform fortschrittlich ist. Sozusagen Politik auf dem Bierdeckel. Mit diesen Stichworten verkaufen talentierte Wahlkämpfer Thesen, die ganze Hundertschaften von Sachverständigen ausgebrütet haben, in ein paar schmissigen Sätzen. („Verkaufen" deshalb, weil Sie am Ende für alles bezahlen müssen.)

Podiumsdiskussionen wären vielleicht kurzweiliger, wenn die Kandidaten mit ihren Argu-Cards Quartett spielten:

Krankenkassenbeitrag?
»*Mist, nur 14,5 %!*«
»*Ich hab 14 %! Stich!*«

»*Rente mit 70!*«
»*Ich hab Rente mit 67! Meiner!*«

Und hinterher müssen wir nur noch die Stiche zählen. Toll, was?

Von **Umfragen** lässt sich kein Politiker schrecken – zumindest lässt er es sich nie anmerken.

Sind sie schlecht, sagt er:

Standard: »*Das sind doch nur Momentaufnahmen!*«

Premium: »*Umfrageergebnisse sind keine Wahlergebnisse! Wahlen werden in den letzten Wochen entschieden!*«

Sind sie gut, sagt er:

Standard: »*Eine eindrucksvolle Bestätigung unseres Kurses.*«

Premium: »*Ein Zeichen, dass die Menschen nicht auf die Angstmache des Gegners hereinfallen.*«

Auch gut: »*Unsere guten Umfrage-Werte sind ein Beweis für die Reife der Wählerinnen und Wähler!*«

Die Königsdisziplin des Wahlkämpfers ist und bleibt der **Straßenwahlkampf**: Mit einem Stapel Broschüren und einigen angewelkten Rosen in der Hand wildfremde Passanten anhauen, so was trauen sich sonst nur Menschen wie Stefan Raab.

In dieser Situation ist der Politiker dem alleinstehenden Herrn am Tresen (siehe oben) noch einmal ganz nahe:

Politiker: »*Guten Tag, gnädige Frau, mein Name ist Fink und ich bin Ihr Bundestagskandidat …*«

Tresen: »*Hallo, schöne Frau, kommen Sie öfter hierher?*«

Antwort: »*Hab keine Zeit, muss einkaufen …*«

Antwort: »*Spar dir die Mühe, Aushilfs-Casanova*«

Politiker: »*Wissen Sie schon, wo Sie dieses Mal Ihr Kreuz machen?*«

Tresen: »*Na, wie wär's mit uns beiden?*«

Antwort: »*Ich wähl eh immer das Gleiche …*«

Antwort: »*Ich hab schon einen Freund. Seit ich 18 bin.*«

Politiker: »*Aha, Stammwählerin?*«

Antwort: (denkt) »*Monogame Trine!*«

In Wahlkampfzeiten braucht ein Politiker vor allem eins: unverdächtige, unbelastete Verbündete, möglichst Zivilisten, die noch nie in einer Partei waren.
US-Präsidentschaftskandidaten greifen da gerne auf Schauspieler oder Popstars zurück.
In Deutschland stehen Schriftsteller und Maler ganz gut im Kurs, aber Schauspieler und andere Unterhaltungskünstler werden auch gern genommen.

! Wobei natürlich kritisch zu prüfen ist, ob man sich mit diesen Leuten nur fotografieren lässt, oder ob die womöglich auch noch was sagen dürfen.

Noch nicht so richtig durchgesetzt hat sich in Deutschland die Wahlkampfhymne. Was schade ist, weil es sehr lustig sein kann, wenn ein Parteivorsitzender den DJ gibt.

? Sie kennen doch sicher den Bobby-McFerrin-Hit „Don't worry, be happy"? Was meinen Sie, wäre es eine gute Idee, die Nummer zur Wahlkampthymne zu machen? Oder ist das Liedchen am Ende doch einen Tick zu gut gelaunt?
Schon, oder?

Egal, Papa Bush zog mit dem Song 1988 in den Wahlkampf und obsiegte.
Sein Vorgänger, Ronald Reagan, hatte sich von Bruce Springsteen „Born in the U.S.A" als Werbejingle ausgeliehen und wurde dafür von dem Sänger ziemlich runtergeputzt.
Gewonnen hat er trotzdem.

Ähnlich verschnupft wie Bruce Springsteen reagierten die Rolling Stones*, als sich die Junge Union bei ihnen bediente. Der Stones-Hit „Angie" sollte die Wahlkampfhymne der CDU im Wahlkampf 2005 werden. Spitzenkandidatin war, wir erinnern uns dunkel, Angela (Angie) Merkel.
Die Stones hielten die Musikauswahl für keine gute Idee. Kritiker meinten auch, der Song enthalte Aussagen, die einer Wahlkampagne nicht zuträglich wären. So heißt es bei den Stones:

»*Angie, you're beautiful, but ain't it time we said goodbye?*«
(Also: »*Angie, du siehst echt scharf aus, aber isses nich' Zeit, tschüs zu sagen?*«)

* Für die jüngeren Leser: Die Rolling Stones waren im letzten Jahrtausend eine bekannte Rock-Band aus England.

Eine richtig große Wahlkampfhymne wurde „Angie" dann auch nicht. Trotzdem hat Angela Merkel die Wahl gewonnen.

Irgendwie scheint das eine Regel zu sein: Wenn man sich mit der Hymne verhaut, gewinnt man. Diese empirische Beobachtung bedarf allerdings noch einer Überprüfung durch die Forschungsgruppe Wahlen.

! Ich möchte an dieser Stelle unsere Spitzenkandidaten ermuntern, sich in Zukunft auf jeden Fall eine Wahlkampfhymne auszusuchen.

Die richtige oder falsche Wahl hat einen gewissen Unterhaltungswert, außerdem könnte man auf diese Weise die deutsche Popmusik ein bisschen fördern. Ein Blick in die CD-Regale zeigt, dass unsere einheimischen Texter genug wahlkampftaugliche Verse produzieren. Xavier Naidoo zum Beispiel dichtet:

»*Wir haben alles Gute vor uns, alles Schlechte geht vorbei!*«

Wenn sich das erst mal im Bundestag rumspricht!

Hier einige weitere bereits parteiadaptierte Vorschläge:

FDP	*Freiheit! Freiheit,* *ist das Einzige, das zählt!* (Westernhagen)
CDU	*In Zeiten wie diesen* *ist es Zeit, neu anzufangen,* *denn aus Zeiten wie diesen* *gibt es keinen Notausgang!* (Silbermond)
SPD	*Dieser Weg wird kein leichter sein,* *dieser Weg wird steinig und schwer!* (Naidoo)
Die Linke	*Zieh deinen Weg, als freier Radikaler!* (Grönemeyer)
Grüne	*Alles ist vergiftet!* (Jan Delay)
CSU	*Scheint der Tag und das Ziel* *auch unerreichbar fern von hier,* *der Weg dorthin beginnt* *bei dir und mir!* (Zillertaler Schürzenjäger).

ICH BEANTRAGE, DASS DIESE KNASTZÄHLSTRICHWEISE ABGESCHAFFT WIRD!!!
WORTMELDUNGEN
UNGEBETEN ...

Basis und Auftrag des Abgeordneten ist das **Mandat**. Das kommt vom lateinischen „mandare" und bedeutet „schicken", aber auch „aus der Hand geben".
Und genau das macht der Wähler beim **Wählen** mit seiner Stimme. Er gibt sie aus der Hand und lässt dem Politiker eine Zeit lang freie Hand – vier Jahre in der Regel, eben eine **Legislaturperiode**.

Das politische Jahr unterteilt sich in **Sitzungswochen** und **Wahlkreiswochen**. Die einen finden in Berlin statt, die anderen **vor Ort, an der Basis, bei den Menschen**. Also im Wesentlichen: in der beschaulichen Heimat.
Es ist nicht bekannt, wo der Politiker »*Dem deutschen Volke*«* – und somit Ihnen, werter Leser – lieber dient.

Die Phoenix-Zuschauer unter Ihnen wissen es: Der Plenarsaal wirkt oft etwas verwaist. Was nach Auskunft der Politiker keineswegs an Faulheit oder Desinteresse liegt, sondern vielmehr an der allgemeinen Umtriebigkeit. Parlamentsarbeit finde eben nicht nur im Plenum statt, sondern in Ausschüssen, Gremien, Gesprächsrunden. Dort werde die eigentliche Politik gemacht – und die Voraussetzung dafür geschaffen, dass man im Parlament was zum Debattieren und Abstimmen hat.

---

* Inschrift am Reichstagsgebäude

> Ein besonders leerer Parlamentssaal ist also der Beweis dafür, dass gerade alle besonders fleißig sind. Sehen Sie das doch mal so!

Bei der **Abstimmung** ist der Abgeordnete nur seinem Gewissen verpflichtet. Er soll in sich hineinlauschen und seiner inneren Stimme folgen.
Damit er sich mit seinem Gewissen nicht zu sehr herumplagen muss, hat der liebe Gott die **Fraktionen** geschaffen, und die haben den so genannten **Fraktionszwang** erfunden.

Der Fraktionszwang ist eines der Paradoxa in der Politik. Denn eigentlich gibt es ihn gar nicht. Und doch bietet die Ansage des Fraktionsvorsitzenden dem schwankenden Abgeordneten klare Orientierung:
»Du weißt schon, welchen Listenplatz du im nächsten Jahr kriegst, wenn du nicht für unseren Gesetzentwurf stimmst …!«
Praktisch, oder? Welches Gewissen sagt einem schon so klar, was richtig und was falsch ist?

Sollte der Fraktionschef gerade keine Zeit für seinen Abgeordneten haben, stehen auch noch die **Lobbyisten** bereit. Ein ganzes Heer von gut bezahlten eloquenten Menschen tut im Grunde nichts anderes, als auf die

Abgeordneten einzureden. Lobbyisten sind Botschafter von Wirtschaftsverbänden, Unternehmen, Gewerkschaften, dem „Bundesverband Deutscher Schausteller und Marktkaufleute", der „Aktion pro Eigenheim im Gesprächskreis Baustoffindustrie e.V." oder der „Arbeitsgemeinschaft Deutscher Rübenbauerverbände" (die gibt es alle wirklich).

Lobbyisten spenden Geld und Ideen. Durchaus legitim; kann man machen, ist ja ein freies Land. Pikant wird es erst, wenn ganze Passagen für Gesetzentwürfe direkt aus Papieren der Interessen-Verbände stammen. So geschehen beim Nichtraucherschutz. Die Tischvorlage schrieb quasi die Zigarettenindustrie. Peinlich für unsere Politiker. Für die Lobbyisten hingegen fast ein Durchmarsch!

Wir lernen: Die Politik wird nicht unbedingt im Plenum gemacht.

Was nicht bedeutet, dass im „Hohen Haus" keine interessanten Dinge passieren.

Ziemlich spannend sind zum Beispiel die verwegenen Zwischenrufe.

Kleine Statistik der Zwischenruf-Unverschämtheiten für das Protokoll

In der Legislaturperiode 2002–2005 war SPD-Mann Jörg Tauss ungekrönter König der Zwischenrufer. Das hat das Satiremagazin „Helgoländer Vorbote" ermittelt – durch Auswertung sämtlicher Sitzungsprotokolle des Bundestages. In 185 Sitzungen meldete sich Tauss 2736mal ungebeten zu Wort.

Auf den Rängen folgten sein Parteifreund (und Parlamentarischer Geschäftsführer) Wilhelm Schmidt mit 1734 Zwischenrufen und Steffen Kampeter von der CDU mit 1709 Einwürfen.

Eifrigster FDP-Zwischenrufer war Heinrich Kolb auf Rang fünf,

und von den Grünen war es Fraktionsvize Hans Christian Ströbele auf Platz sieben.

Christdemokraten, so eine weitere Erkenntnis, produzieren insgesamt die meisten Zwischenrufe.

Und Männer reden mehr als doppelt so oft dazwischen wie Frauen!

Top Ten der Zwischenrufe

»*Mit Verlaub, Herr Präsident, Sie sind ein Arschloch!*«	Joschka Fischer (Grüne) zu Bundestagsvizepräsident Richard Stücklen (CSU)
»*Zuhälter!*«	Michael Glos (CSU) zu Joschka Fischer (Grüne) im Zusammenhang mit der sog. Visa-Affäre
»*Windbeutel!*«	Franz Müntefering (SPD) zu Guido Westerwelle (FDP)
»*Schwachmatiker!*«	Hans Michelbach (CSU) zu Wolfgang Clement (SPD)
»*Komm zur Sache, Schätzchen!*«	Steffen Kampeter (CDU) zu Sascha Raabe (SPD)
»*Können Sie auch deutsch sprechen?*«	Volker Kauder (CDU/CSU) zu Thea Dückert (Grüne)
»*Alles Proleten!*«	Dr. Peter Ramsauer (CDU/CSU)

»Himmel, Arsch und Wolkenbruch! Wie kann man nur so einen Blödsinn erzählen!«	Uwe Küster (SPD)
»Beam mich hoch, Thierse. Es gibt kein intelligentes Leben hier.«	Dr. Walter König (Linkspartei)
»Herr Ober, eine Brechstange, der Witz klemmt!«	Jochen-Konrad Fromme (CDU/CSU)

Kleines Rätsel:
Einer der obigen Zwischenrufe ist so nicht gemacht worden. Finden Sie heraus, welcher!*

* Die Auflösung finden Sie auf Seite 32.

Wenn unsere Politiker nicht gerade zwischenrufen, beschäftigen sie sich gerne mit **Pairing** und **Hammelsprüngen**, auch die **Zehnender** unter ihnen. Erklärung gefällig?

Ein Fall von **Pairing** läge nicht vor, wenn eine CSU-Abgeordnete mit dem Geschäftsführer der Linkspartei nach Havanna durchbrennt. Wohl aber, wenn eine SPD-Abgeordnete freiwillig einer Abstimmung fernbleibt, weil ein CDU-Kollege verhindert ist. Mit diesem Gentleman's Agreement werden die Mehrheitsverhältnisse gewahrt. Gibt es knallharte Abstimmungen, gibt es auch kein Pairing. So weit geht die Freundschaft nicht.

Der **Hammelsprung** ist ein Abstimmungsverfahren, bei dem die Politiker durch eine von zwei Türen gehen und dabei von Schriftführern laut gezählt werden. Klingt umständlich. Ist es auch. Deswegen wird das auch selten so gemacht. Normalerweise stimmt der Bundestag durch Handzeichen oder mit Stimmkarten ab.

? Jetzt werden Sie zwischenrufen:
»*Warum gibt es keine elektronische Anlage, mit der per Knopfdruck abgestimmt wird – wie in jeder ordentlichen Rateshow?*«

! Die Antwort heißt: Misstrauen! So eine Technik könnte schließlich manipuliert werden!

Das Hammelsprungverfahren hat man bei den Schäfern geklaut. Die wollten ab und zu mal präzise wissen, wie viele Schafe sie eigentlich haben. Dann trieben sie ihre Herde durch ein enges Tor, durch das jeweils nur ein einzelnes Schaf passte. So wurde jedes Tier wirklich nur einmal erfasst.

Im alten Reichstag gab es über einer Abstimmungstür ein Motiv aus der griechischen Sage. Es zeigte den geblendeten Riesen Polyphem, der seine Schafe zählt. Unter deren Bäuchen hatten sich Odysseus & Friends angeklammert, um aus der Gefangenschaft zu türmen.

Ein Bundestagsabgeordneter muss sich natürlich nicht unter den Bauch eines gewichtigeren Kollegen schnallen. Wenn er einer langweiligen Sitzung entfliehen will, steht er einfach auf und geht. Erst recht, wenn er kein Greenhorn ist, sondern ein alter Hirsch.

Was gerade eine unglaublich gewitzte Überleitung zum Thema **Zehnender** war.

Hätten Sie's gewusst? – Zehnender

Im Parlamentssprech: Abgeordnete, die schon zehn Legislaturperioden im Bundestag sind.

Der Zehnender ist eine seltene Art. In der 16. Legislaturperiode gibt es ganze zwei: Wolfgang Schäuble und Herta Däubler-Gmelin. Selbst Bundeskanzler hatten zumeist weniger Sitzfleisch, als man denkt: Willy Brandt und Helmut Schmidt waren neun Wahlperioden lang im Parlament. Helmut Kohl siebenmal. Gerhard Schröder fünfmal. Etwa zwei Drittel der Abgeordneten wurden bis zu dreimal hintereinander gewählt.

Zehnender sind eine bedrohte Spezies. Eine Legislaturperiode könnte bald fünf statt wie bisher vier Jahre dauern. Wer dann noch Zehnender werden will, müsste 50 Jahre im Bundestag sitzen. Und das hieße sozusagen: lebenslänglich!

Auflösung von Seite 29:
Es ist der Zwischenruf »Beam mich hoch, Thierse.«
Walter König sitzt nicht für die Linkspartei im Bundestag. So heißt der Schauspieler, der bei „Star Trek" den Pavel Chekov mimte.

APPLAUS-O-METER
MEIN ALLERERSTER APPLAUS WAR DER SCHÖNSTE. SPONTAN, KURZ, TROCKEN, UNTER FREIEM HIMMEL
KLATSCH
KLATSCH
KLATSCH

Immer wieder wird darüber gestritten, ob und wenn ja, wie viel Politikverdrossenheit, Politikerverdrossenheit oder Parteienverdrossenheit es gibt.

Für den Politiker steht eines felsenfest:
Die jeweils andere Partei ist schuld an allem Verdruss.
(» *Da ist viel Vertrauen verspielt worden!* «)

Politiker hierzulande sind Parteipolitiker. Sie werden in Parteien groß und gelangen durch sie zu Ämtern und Mandaten. Macht ist natürlich kein Selbstzweck. Das erklären Politiker ja auch, wann immer sich dazu ein Anlass bietet.

Warum engagieren Sie sich politisch?

Standard: » *Weil ich etwas bewegen und gestalten will.* «

Premium: » *Weil ich meinen Beitrag dazu leisten will, dieses Land voranzubringen.* «

Warum engagiert sich Ihr Gegenkandidat politisch?

Standard: » *Er verfolgt rein machtpolitische Interessen.* «

Premium: » *Ihm geht es um Posten und Pfründe!* «

Welche Politik betreiben Sie?

Standard: » *Eine Politik für alle.* «

Premium: » *Eine verantwortungsvolle Politik im Interesse aller Menschen unseres schönen Heimatlandes.* «

Welche Politik betreibt Ihr Gegenkandidat?

Standard: » *Er vertritt kurzsichtige Gruppeninteressen.* «

Premium: » *Er macht Politik nach dem Sankt-Florians-Prinzip.* « *

Auf wen stützt sich Ihre Partei?

Standard: » *Auf alle Demokraten, die wirklich etwas bewegen wollen.* «

Premium: » *Auf die Leistungsträger in der Mitte. Das ist nicht nur der mittelständische Unternehmer, das sind auch die Nachtschwester und der Facharbeiter.* «

Wen vertreten die anderen?

» *Besitzstandswahrer, Betonköpfe, Beamtenseelen, Bürokraten, Intriganten … also mehr oder weniger das organisierte Verbrechen.* «

---

* Heiliger Sankt Florian,
verschon mein Haus,
zünd andere an!

Wohin es vorangehen soll, ist nicht immer so ganz klar. In einer Programmpartei gibt darüber eigentlich das Parteiprogramm Auskunft. Das wird aber meist gerade von Grundwerte-, Grundsatz- oder Programmkommissionen überarbeitet. Weil es nicht alle Antworten auf die neuen Herausforderungen der Zeit gibt.

Im Grunde ähneln Parteiprogramme Ihrem zwanzig Jahre alten Fiat. Sie möchten mit ihm zur Arbeit fahren, aber er ist immer gerade in der Werkstatt.

Deshalb kriegen Regierungsparteien die Linie in der Regel von der Regierung verpasst. Oppositionsparteien quälen sich durch diverse Parteitage. An deren Ende stehen manchmal Beschlüsse.

Was gibt unserem Politiker demnach Orientierung?

- Das Parteibuch.
- Das Programm.
- Die Linie.
- Der Kurs.
- Die Beschlusslage.
- Die große Morgenlage (im Kanzleramt).
- Das Gelage (im Bierzelt).

Manchmal ist der Kurs einer Partei so abenteuerlich, dass eine Linie schwer zu erkennen ist. Dann taucht die Frage auf, ob die Beschlusslage noch mit dem Programm vereinbar ist. Spätestens jetzt kommt es zu einem der beliebtesten Naturschauspiele in der Politik: dem innerparteilichen Richtungsstreit.

In der eigenen Partei wird gestritten:

Standard: »*In der Sache haben wir ein hohes Maß an Übereinstimmung.*«

Premium: »*Diskussionen über den richtigen Weg sind in einer lebendigen Mitglieder- und Volkspartei etwas völlig Normales.*«

In der anderen Partei wird gestritten:

Standard: »*Sie bietet ein Bild heilloser Zerstrittenheit.*«

Premium: »*Das ist ein Zeichen von Führungsschwäche und verunsichert die Bürgerinnen und Bürger zutiefst.*«

Aufmüpfige Politiker bekommen von ihren Parteien Etiketten verpasst: Vom Vordenker/Querdenker ist es nicht weit zum Abweichler/Rebellen.

Keine Sorge, am Ende wird die Geschlossenheit der Partei immer wiederhergestellt. Gerne durch einen Parteitag mit eindrucksvoller Bestätigung der Linie des Vorstandes, großer Mehrheit für den Leitantrag und minutenlangem Applaus für den Vorsitzenden.

Es ist Mode geworden, die Dauer des Applauses zu stoppen. Ganze Parteiabende werden von der Diskussion darüber beherrscht, wer den längsten hatte. Eigentlich kann man sich den Streit sparen. Es gilt die Faustformel:

$$\frac{(\text{Applausdauer x Lautstärke})^2}{\text{Anzahl der Delegierten}} = \begin{array}{l}\text{voraussichtliche}\\ \text{Verweildauer des}\\ \text{Parteivorsitzenden}\\ \text{in Amt und Würden.}\end{array}$$

Von einem Parteitag geht bestenfalls ein Signal der Geschlossenheit, wahlweise auch der Entschlossenheit aus. In jedem Fall ist Stärke zu demonstrieren.

Geschlossenheit ist noch wichtiger im eigenen Wahlkreis, an der Basis, dort, wo einst die Ochsentour begann. An dieser Basis gärt es gelegentlich heftig. Dann muss der Politiker seinen Leuten auseinanderklamüsern, was die da oben in Berlin wieder verbrochen haben. Dazu bedient er sich vorzugsweise rhetorischer Allzweck-Waffen (die eigentlich längst international geächtet sind).

Politiker sagt	Politiker meint
Wir müssen die Menschen da abholen, wo sie sind.	Freiwillig kommt ja keiner mehr.
Wir müssen den Reformstau auflösen.	Ich jedenfalls stehe ganz vorne und hupe besonders laut.
Das Land braucht Aufbruchstimmung.	Erst mal sorgen wir für gute Stimmung; aufbrechen können wir dann immer noch.
Ein Ruck muss durch das Land gehen.	Jetzt reißt euch alle mal ein bisschen zusammen!
Um Wahlen zu gewinnen, müssen wir in die Mitte rücken.	Den Rand können wir sowieso nicht halten.
Wir haben ein Vermittlungsproblem.	Warum versteht Ihr nicht, wie gut wir es mit euch meinen?

Wir brauchen eine Mentalitätsveränderung.	Wir kriegen das nicht besser hin, Freunde. Macht es wie ich: Trinkt es euch schön! Ein Bier, bitte!
Wir wollen eine menschliche Gesellschaft.	Klingt doch gut, oder?
Wir müssen nah bei den Menschen sein.	Rück rüber Baby, hier kommt dein Präsident.*

* Das soll ein US-Präsident angeblich zu seiner Geliebten gesagt haben.

WEIL "HAMMELSPRUNG" SELTEN GEMACHT WIRD, SIND VIELE VORHER NERVÖS.
HAMMELSPRUNG
JA
NEIN
DIXI MIET KLO
DIXI MIET KLO
BESUCHER-GRUPPEN

Ein Politiker hat eine Heimat und eine politische Heimat. Die Heimat ist in der Regel identisch mit seinem Wahlkreis. Den muss er regelmäßig bespielen. Nicht nur im Wahlkampf. Manchmal ist der Politiker dort geboren; *wohnen* sollte er dort auf jeden Fall. Mitunter trägt er seine Heimat auch in Berlin mit sich. Denn wer Müller oder Schmidt heißt, bekommt im Bundestag den Wohnort an den Namen geklebt – zur besseren Unterscheidbarkeit. Im Protokoll steht dann tatsächlich Müller-Eppelborn und Schmidt-Meschede.
Die politische Heimat eines jeden Politikers ist und bleibt die Partei.

In ihrem Wahlkreis verbringen normale Abgeordnete etwa die Hälfte des Jahres – in engem Kontakt mit den Wählern. Das sind wir ja alle, tatsächlich oder potenziell. Deshalb werden wir auch freundlich behandelt. Ausgesprochen selten bekommen wir Champagner über den Kopf geschüttet (so geschehen in Bremen) oder werden von SPD-Vorsitzenden zum Friseur geschickt (Weihnachtsmarkt in Wiesbaden).

Achten Sie mal darauf: Im Allgemeinen wird der Politiker, wenn er uns meint, immer von »*Menschen*« sprechen. Eine Abweichung erlaubt sich Altkanzler Kohl, der dieses Wort hartnäckig wie »*Männchen*« ausspricht – bei einem Mann seiner Statur nachvollziehbar.

Üblich ist die Kombination Menschen in unserem Land oder auch Menschen draußen im Lande. Klar: Wenn man im Bundestag sitzt, ist eigentlich überall draußen.

In einigen Gegenden Süddeutschlands und rund um Bremen ist es zulässig, die Wähler »*Leute*« bzw. »*Leude*« zu nennen. Im Rest der Republik bietet sich »*die kleinen Leute*« an. Wenn der Lebenslauf es hergibt, wird der Politiker gerne erzählen, dass auch er aus kleinen Verhältnissen stammt.

Mit den kleinen Leuten hat es der Politiker nicht leicht. Er muss wissen, wo der Schuh drückt. Denn man sagt ja, die Wähler stimmen mit den Füßen ab.
Der Abgeordnete muss ein Ohr für die Menschen haben. (Eins reicht anscheinend.) Mit dem muss er hören, wie der Wähler tickt. Damit er weiß, was die Menschen bewegt. Vor allem, was sie dann auch beim nächsten Mal wieder dazu bewegt, sich auf den Weg ins Wahlkokal zu machen, um das Kreuz an die richtige Stelle zu setzen.

Und schließlich: Er muss ihre Sprache sprechen. (Da es genau daran öfter mal hapert, liegt jetzt dieser handliche Sprachführer vor).

Im Katastrophenfall sollten Politiker sich ein Bild vor Ort machen – etwa bei Werksschließungen, Überflutungen oder Konzerten von „Tokio Hotel". Und natürlich darauf achten, dass jemand ein Bild von ihnen macht – ein Fotograf der Lokalzeitung oder ein Kamerateam von „Explosiv" oder -„klusiv". Wo genau **vor Ort** liegt, ist schwer zu sagen. In der Regel da, wo der Politiker gerade ist. (Wer das mit „Tokio-Hotel" für einen Scherz hält, sei daran erinnert, dass sogar Staatsmann Hans-Dietrich Genscher sich als Fan der Magdeburger geoutet hat.)

In jedem Fall geht es um **Bürgernähe**, also sollten Bürger in der Nähe sein. Zu diesem Zweck sehen Besuchsprogramme ein **Bad in der Menge** vor. Die entscheidende Disziplin dabei ist das Händeschütteln. Vom Kinderstreicheln und – tätscheln raten PR-Manager neuerdings eher ab.

Kommt der Abgeordnete nicht zum Wahlkreis, kommt der Wahlkreis zu ihm … in Gestalt der **Besuchergruppe** (eine Art Überfallkommando, das einen auffälligen Dialekt spricht). Die Besuchergruppe lässt sich von ihrem Mann in Berlin gern mal zeigen, wie es im Reichstag so zugeht. Jetzt heißt es: die »*Leude*« aus der Heimat durch den Wirkungskreis führen und volksnah tun. Wenn alles gut läuft, kommt der Fraktionschef oder ein anderer Promi vorbei und grüßt den Abgeordneten. Gern genommen wird auch ein **Elder Statesman**. Dann kann die Besuchergruppe erschüttert murmeln: »*Der is awwer alt geworde.*«

Zurück in den Wahlkreis. Weil zu viel Händeschütteln Sehnenscheidenentzündung verursacht, konzentriert sich der Abgeordnete in der Heimat gerne auf die **Multiplikatoren**: Vereinsvorsitzende, Volksbankdirektoren, Autohausbesitzer.
Und auf Jubilare mit runden Geburtstagen – vom 70. an aufwärts. Die spuckt der Computer aus, und wenn alles gut geht, verschickt das Büro des Politikers auch rechtzeitig die Geburtstagspost.
Früher musste der Durchschnittspolitiker diese Briefe noch selber unterschreiben – blanko zwar und auf Vorrat, während der Spitzenpolitiker meist einen Schreib-Automaten, einen so genannten Autopen hatte. Heute hilft der Computer allen aus allen Nöten – oder haben Sie etwa Ihre Unterschrift noch nicht eingescannt?

> Erst ab dem 90. Geburtstag muss die Zielperson mit einem Hausbesuch ihres Abgeordneten rechnen. Viele gehen daher lieber – ohne eine Adresse zu hinterlassen – in ein Heim.

Noch wichtiger sind die Parteijubiläen: Mitglieder, die es 25 Jahre in einer Partei ausgehalten haben, verdienen sich eine Urkunde und ein Bild mit ihrem Abgeordneten in der Lokalpresse. Es soll Mitglieder geben, die nur noch deshalb Beiträge zahlen, weil ein solches Foto in greifbare Nähe rückt.

Der Wahlkreis ist der Ort, wo der Politiker gerne mal **die Kirche im Dorf lässt**. (Hinweis für Kenner: Diese Kirche kommt in jeder, wirklich jeder Rede von Kurt Beck vor. Faszinierend!).
Der Bayer oder der Friese wird es schätzen, wenn sein Abgeordneter in landsmannschaftlicher Tracht auftritt und Dialekt spricht. Damit erwirbt sich der Politiker das Attribut **volkstümlich**. Von Zugereisten ist das schwer zu leisten. Wer seinem Berliner Publikum ein fröhliches »*Grüß Gott*« zuruft, kann ebenso einpacken, wie derjenige, der beim Fassbieranstich »*Prösterchen*« sagt.

Bei der Auswahl von **Trachten und lustigen Kopfbedeckungen** ist aber immer auch Vorsicht geboten. Die Medien zeigen mit Vorliebe Politiker bei Besuchen von Molkereien und Chipfabriken. PR-technisch ein Desaster! Mit weißem Kittel und Duschhaube sieht man *immer* zum Schießen aus!

> **!** Obacht auch bei der Ausübung **regionaler Bräuche**! Der Abgeordnete sollte es sich dreimal überlegen, ob er beim Schuhplatteln oder Wurstschnappen abgelichtet oder gar gefilmt werden will.

Oder heißt es Schuhschnappen und Wurstplatteln? Sie müssen schon entschuldigen, ich komme aus einer brauchtumsfreien Zone. Wenn ich's mir recht überlege: Es gibt doch Wurstplatten! Mit denen müsste man doch Wurstplatteln können, oder? Und Schuhschnappen ist bestimmt irgendwo in Süddeutschland ein lustiges Spiel auf Dorffesten. Ich stelle mir das etwa so vor: Alle Teilnehmer ziehen ihre Schuhe aus und werfen sie auf dem Gemeindeanger auf einen großen Haufen. Der Kampfrichter bläst in ein Alphorn, und jeder muss versuchen, sich ganz schnell seine Schuhe zu schnappen. Der Gewinner kriegt ein halbes Schwein oder ein Fass Met oder so.

Klar, dass ein volkstümlicher Politiker bei so einer Riesengaudi mitmachen muss. Erst recht, wenn er in der CSU ist. Dort müssen selbst Feingeister **in Lederhosen Maßkrüge stemmen** – auch wenn der Krug, wie im Fall eines Ministerpräsidenten – mit Salbeitee gefüllt ist.

Bei Auftritten im Ruhrgebiet ist Politikern aller Parteien, außer der FDP, ein Foto mit kohlestaubgeschwärztem Gesicht erlaubt. Natürlich wäre vorher ein Abstecher unter Tage nicht ungeschickt. Es grenzt an Wahlbetrug, wenn man ohne Grubenbesuch Kohlenstaub in den Grübchen hat! Und in die Thermosflasche gehört kein Salbeitee, sondern Deputatschnaps!

Wer das alles richtig macht, hat sich dann für sein Wahlplakat den Slogan verdient:

» *Hermann Müller. Einer von uns!* «

Politiker sagt	Politiker meint
Ich habe nicht vergessen, wo ich herkomme.	Deshalb bin ich auch so froh, dass ich nächste Woche wieder nach Berlin darf.
Ich kenne die Sorgen und Nöte der Menschen in der Region.	Ob Gladbach und Aachen wohl den direkten Wiederaufstieg schaffen?
Ich stamme ja auch aus eher einfachen Verhältnissen.	Das Leben meiner Eltern war einfach, bis sie einen komplizierten Sohn bekamen.
Hier an der Basis schlägt eben doch das Herz der Partei.	Ihr könnt froh sein, dass ihr einen Schrittmacher wie mich habt.
Ich werde mich um Ihr Anliegen persönlich kümmern.	Mein Referent verfügt über eine hervorragende Sammlung von Musterbriefen.

SCHILLER-, EINSTEIN-, MOZART-JAHR HABEN MIR BEWUSST GEMACHT: LIEBER JETZT STERBEN ALS BEI LEBENDIGEM LEIB VERGESSEN WERDEN.

Politiker sind auch nur Menschen. Was nicht immer auf den ersten Blick auffällt. Je steifer und unnahbarer sie sind, desto mehr Arbeit haben ihre Berater. So setzt ein **Spin doctor** alles daran, es ab und zu richtig *menscheln* zu lassen. Dank dieser Experten wird die Republik von Fragen erschüttert wie:

»*Färbt Gerhard Schröder seine Haare?*«
»*Welche Frisur wird Angela Merkels Endfrisur?*«
»*Hat Friedrich Merz wirklich sein Moped frisiert?*«

Spin Doctoren sind darauf trainiert, aus einem Muli ein Rennpferd zu machen. Dabei lauert die Gefahr hinter jeder Ecke. Denn leider braucht man für die Operation den Boulevard. Also Bild, Gala, Bunte und die Soft-Talkshows. Die freuen sich, wenn ein Politiker Geschichten aus seinem Privatleben erzählt. Sie bleiben aber auch am Ball, wenn der charmante Plauderer einen Unfall baut oder ihm die Frau durchbrennt.

! **Kurz:** Wer die Presse zu seiner Hochzeit lädt, darf nicht meckern, wenn sie auch über den Rosenkrieg berichtet. Das sind die Regeln.

Was verordnet der Spin Doctor gern als Erstes? Eine **Homestory**. Der Politiker lässt sich daheim interviewen. Natürlich gibt es Fotos: vom treusorgenden Ehepartner, den wohlgeratenen Kindern, dem tapsigen Hund.

Wahlweise auch vom wohlgeratenen Hund, den treusorgenden Kindern und dem tapsigen Ehemann. Kurz: ein Familienidyll.

Erwünschte Effekte:
- ✓ Hat der Typ aber eine attraktive Frau!
- ✓ Schau, wie schön, das Kruzifix im Herrgottswinkel!
- ✓ So süße Kinder hätte ich dem nicht zugetraut!

Unerwünschte Effekte:
- ✗ 13 Jahre Altersunterschied! – Die hat den doch nur wegen der Kohle genommen!
- ✗ Sieht ja hier aus wie im Musikantenstadl!
- ✗ Wer steckt denn seine Kinder heute noch in Dirndl? Klarer Fall fürs Jugendamt!

Für Ehepartner und Kinder ist man ja irgendwie selbst verantwortlich. Den Rest seiner **Verwandtschaft** kann man sich leider nicht aussuchen. Je weitläufiger die Sippe, desto unkalkulierbarer die Risiken. Irgendein Cousin sitzt immer gerade im Knast oder hat für die Russen spioniert.

Leichter hat der Politiker es mit **Tieren**. Die kann man kaufen oder noch besser – vor laufenden Kameras – aus dem Tierheim evakuieren.

In Amerika werden zu Thanksgiving (Erntedankfest) massenhaft Truthähne verspeist. Einige entgehen diesem Schicksal, weil sie von Vegetariern freigekauft werden – für 20 Dollar pro Vogel. Einer der Todeskandidaten wird jedes Jahr vom Präsidenten persönlich begnadigt.

Davon hatte auch Gerhard Schröder Wind bekommen und eine Gans adoptiert – Doretta. Seine Nachfolgerin im Amt führte die Patenschaft nicht weiter. Dem Tier geht es trotzdem gut. Es wird von einem Berliner Tierschutzverein betreut. Allerdings unter neuem Namen. Kanzlers gefiederter Freund war nämlich noch nie eine Gans, sondern schon immer ein Ganter. Und der heißt jetzt tatsächlich »*Herr Schröder*«.

Sigmar Gabriel streichelt im Berliner Zoo wehrlose Eisbären-Babys.
Selbst Helmut Kohl ließ sich am Wolfgangsee vor lebenden Hirschen fotografieren, wo doch alle Welt weiß, dass er die Vierbeiner lieber mit Spätzle und Soße mag. (Oder wie ein bekannter Kaninchenzüchter zu sagen pflegt: »*Ich hab gar nichts gegen Grünzeug! Es muss nur erst durch die Karnickel!*«)

Ein altes Politiker- und Journalistenmotto für publikumswirksame Themen lautet:
»*Kinder und Tiere – gibt nie 'ne Viere!*«

Soll heißen: Kleine Zweibeiner und Vierbeiner kommen immer gut an. In den USA und England gibt es die First Cats und First Dogs.
Maggie Thatchers Kater hieß Humphrey und wurde 1997 von Tony Blair in Rente geschickt.
Clintons Hund Buddy wurde 2002 überfahren.
Alles Themen für die erste Seite.

Der Spin Doctor warnt aber auch vor unerwünschten Nebenwirkungen: Macht der Politiker in Katzen, halten ihn die Wähler schnell für ein Weichei. Entscheidet er sich für Schäferhund oder Dobermann, unterstellt man rasch eine autoritäre Ader. Und nicht auszudenken, das Tier beißt tatsächlich mal ein Kind!

Scooter, der Hund von Bundespräsident Johannes Rau, war zwar gutmütig, aber viel zu groß: So eine Art unförmiger Riesenschnauzer, der kaum auf eine Titelseite passte.
Der Hund von Ex-Kanzler Schröder war zu klein, und das ging nur, weil er eben eher der Hund von dem Gerhard seiner Frau war.
Der Dackel der Liberalen Sabine Leutheusser-Schnarrenberger trug den Namen des großen Reformators Dr. Martin Luther. Das mag in der FDP und in Bayern angehen, ist aber ansonsten überhaupt nicht salonfähig. Sondern so was wie Blasphemie.

Ideal ist für den Politiker also in jedem Fall:
ein mittelgroßer, treuherzig dreinschauender, struppiger Mischling, den er unter Lebensgefahr aus einem brennenden Tierheim gerettet hat.

Ein Kandidat für das Bürgermeisteramt in Mannheim hat im Nachhinein zugegeben, dass er sich den Hund für das Foto in der Wahlkampfbroschüre vom Nachbarn geliehen hat. Die Kinder hatte er von seinen Geschwistern geborgt. Guter Onkel!

Wähler haben Hobbys. Politiker eigentlich nicht. Wenn einer sein Mandat ernst nimmt, hat er für Hobbys keine Zeit. Das kann der Politiker aber nicht sagen, denn das wirkt verbissen. Von zu viel Freizeit zu reden, geht aber auch nicht, denn das wirkt faul.

Die zurechtgedokterte Antwort:
»*In meiner knapp bemessenen Freizeit unternehme ich gerne was mit der Familie, und leider komme ich viel zu selten dazu, meinem Hobby nachzugehen.*«

✓ **Hobbys, die für Politiker O.K. sind:**
Kochen, Mensch-ärgere-Dich-nicht, Skat oder Doppelkopf spielen, Fahrrad fahren, Lesen und Schwimmen, Taubenzüchten

Hobbys, die nicht O.K. sind:
Polo spielen, Oldtimer oder Immobilien sammeln, Pferdewetten, Taubenschießen

Die beliebteste Sportart unter Politikern ist Joggen. Na klar, da können sie zeigen, was sie für zähe Burschen sind! Ausdauersportarten haben aber ihre Tücken: Man denke an die Bilder von Rudolf Scharping im hautengen Radlerdress und seinen Sturz ohne Helm.

Heiner Geißler schenkte uns ein Brevier über das Klettern und Joschka Fischer das bedeutende Werk „Mein langer Lauf zu mir selbst". Ein Rezensent stellte fest, der Inhalt des Buches passe in einen chinesischen Glückskeks.

Fußball mögen alle, Borussia Dortmund mag vielleicht nicht jeder. Der berühmteste sauerländische Minister, Franz Müntefering, behauptet tatsächlich, er sei sowohl Schalke- als auch Dortmund-Fan. Diese Art von großer Koalition ist nun allerdings einfach unmöglich. Das weiß sogar ich.

Medienexperten raten Spitzenpolitikern meist davon ab, selbst gegen Bälle zu treten. Sieht immer doof aus, wenn man mit Schweißflecken auf dem Hemd und dem Sakko in der Linken auf die Torwand schießt.

Richtig bitter wird's, wenn Hobbykicker Stoiber einer Wählerin auf diese Weise eine blutige Nase verpasst. Sein Opfer hatte »*ganz unglücklich*« *neben* (!) der Torwand gestanden.

> Will man als Wähler bei einem Torwandschießen ungefährdet zusehen, steht man am besten *hinter* der Wand und steckt den Kopf durch die Löcher.

Die Wissenschaft hat einen Trend zu mehr Privatem in der Politik festgestellt und eine ganze Reihe von *-ierungen*: Personifizierung, Emotionalisierung, Intimisierung, Visualisierung, Simplifizierung, Banalisierung. Tja, vielleicht hatten die 68er ja recht: Das Private ist halt doch politisch. So gesehen könnte es fast wieder ein Statement sein, legte sich ein Verteidigungsminister – ganz privat – ein Nabelpiercing zu.

Der Proust-Fragebogen

Ein tückischer Fallstrick für Politiker ist das Ausfüllen von Fragebögen. Sofern man das nicht einer PR-Agentur überlässt, muss man höllisch darauf achten, nur unverfängliche, aber dennoch eindrucksvolle Antworten zu geben.

☐ **Was missfällt Ihnen an sich?**

Politiker denkt: Eigentlich finde ich mich toll!

Politiker schreibt: Meine Ungeduld

☐ **Auf welche eigene Leistung sind Sie besonders stolz?**

Politiker denkt: Alle Konkurrenten um den Ausschussvorsitz weggebissen zu haben

Politiker schreibt: Auf meine Schreinerarbeiten, zum Beispiel die Wickelkommode für meine Kinder

☐ **Wem würden Sie mit welcher Begründung einen Orden verleihen?**

Politiker denkt: Den Sekretärinnen, die ohne zu klagen, meine langweiligen Reden abtippen

Politiker schreibt: Den vielen – vor allem Frauen – die ohne zu klagen schwerste Aufgaben in der Pflege Bedürftiger bewältigen

☐ **Was wäre Ihre Henkersmahlzeit?**

Politiker denkt: Ragout von Edelfischen mit einem 38er Dom Perignon

Politiker schreibt: Kohlrouladen, wie sie meine Mutter machte

☐ **Was möchten Sie sein?**
Politiker denkt: Der Boss
Politiker schreibt: Jemand, dem man vertraut und der Menschen zusammenbringt

☐ **Was ist Ihr Lieblingsvogel?**
Politiker denkt: Getrüffelter Kapaun
Politiker schreibt: Der Bundesadler

☐ **Welche Eigenschaft schätzen Sie an Männern?**
Politiker denkt: Wenn sie machen, was ich sage
Politiker schreibt: Unabhängigkeit

☐ **Welche Eigenschaft schätzen Sie an Frauen?**
Politiker denkt: Wenn sie machen, was ich sage
Politiker schreibt: Unabhängigkeit (Auf keinen Fall etwas anderes als bei Männern!)

☐ **Mit wem möchten Sie gerne mal einen Abend verbringen:**
Politiker schreibt: Mit Mutter Teresa (auch wenn das nicht mehr geht)
Politiker denkt: Mit meiner Praktikantin

BÜRGER FRAGEN
POLITIKER ANTWORTEN
BITTE LIEBER GOTT MACH, DASS EINE TIEFE FALTE AUF MEINER STIRN ERSCHEINT, DAMIT ES SO AUSSIEHT, ALS OB ICH EINEN GEDANKEN AN SO WAS VER-SCHWENDE.

Moses, der athenische Politiker Demosthenes und Winston Churchill waren Stotterer. Trotzdem haben sie eine passable politische Karriere hingelegt. Wahrscheinlich hätten sie sich auch in einer Talkshow im Buntfernsehen gut gemacht.
Wie man ankommt, hängt ja auch von Faktoren wie Ausstrahlung und Beredsamkeit ab. Was das anbelangt, haben die Deutschen leider keinen besonders guten Ruf.

Kennen Sie den?
Ein Engländer, ein Deutscher und ein Franzose stehen kurz vor der Erschießung. Jeder hat einen letzten Wunsch frei.
Der Franzose wünscht sich vor seinem Tod ein formidables Essen.
Der Deutsche möchte eine große Rede halten.
Der Engländer wünscht sich, *vor* der Rede des Deutschen erschossen zu werden.

Glücklicherweise besteht das Fernseh-Publikum in Deutschland größtenteils aus Eingeborenen, deshalb kommt es nicht zu massenhaften Selbstentleibungen.
Im Gegenteil. Die Deutschen muten sich jede Woche unverdrossen neue Politik-Runden zu. Darin entfalten sich rhetorische Fähigkeiten ebenso wie rhetorische Unfähigkeiten. Auch ein Millionenpublikum veranlasst Politiker nicht unbedingt dazu, einfach und verständlich zu reden.

Ein Beispiel von der letzten Familienfeier:
Tante fragt Neffen: »*Du bist aber groß geworden. In welche Klasse gehst du denn jetzt?*«
Antwort: »*Immer noch in die Achte. Ich bin leider sitzen geblieben.*«

Und jetzt nehmen wir mal an, der Sitzenbleiber könnte über Nacht wie ein waschechter Politiker reden …

Tante fragt Neffen: »*Du bist aber groß geworden. In welche Klasse gehst du denn jetzt?*«
Antwort: »*Schauen Sie, in einer immer komplizierter werdenden Welt gibt es keine einfachen Antworten mehr. Im abgelaufenen Schuljahr führte eine Zusammenballung widriger Umstände mit Folgekonflikten zur Eskalation der Notensituation. Ich habe nicht gezögert, die notwendigen Schlüsse zu ziehen, und trage die mir abverlangten Konsequenzen ohne Wenn und Aber. Dabei weiß ich, dass meine Familie voll und ganz hinter mir steht und den steinigen Weg mit mir beschreitet. Ich lasse mich dabei nicht verunsichern und mache meine Arbeit in der achten Klasse wie alle anderen auch – ohne Privilegien, ohne Vorschusslorbeeren und in der festen Überzeugung: Diese Ehrenrunde bin ich den Menschen im Lande schuldig.*«

Nun geht es in Talkshows, in politischen jedenfalls, oft um komplexe Themen. Da kann es dauern, bis man versteht, was die Frau Ministerin oder der Herr Fraktionsvorsitzende eigentlich sagen wollen.

Wenn es gilt, Fragen der Gesprächsleiter zu beantworten, gibt es drei Typen von Politikern:

1 Die Schmerzfreien

Den Schmerzfreien sind die Fragen piepegal. Ihnen reicht es, dass sie jetzt dran sind. Dann sagen sie bestenfalls das, was sie sich vorher überlegt haben, schlimmstenfalls das, was sie immer sagen.
Wenn die Moderatorin an die gestellte Frage erinnert, schmollen sie gern eine Runde. Journalisten sind aus ihrer Sicht keine Fachleute, sie interessieren sich nicht wirklich für das Problem und stellen höchstwahrscheinlich nicht die richtigen und/oder wichtigen Fragen.

2 Die Filigrantechniker

Im Fußball finden sie ihr Äquivalent in Spielern wie Ronaldinho und Diego. Sie täuschen links an und gehen rechts vorbei. Oder umgekehrt.
Wie funktioniert das praktisch? Zu Beginn gehen die Filigrantechniker scheinbar auf die gestellte Frage ein, finden aber in Windeseile und mithilfe von Relativsätzen, Konjunktionen oder Präpositionen auf den Weg der geplanten Argumentation zurück. Ziel: Am Ende doch wieder nur sagen, was man sich zuvor zurechtgelegt hat. Versierte Filigrantechniker umdribbeln auch Gastgeber mit großer Spielerfahrung.

3 Die Exoten
... hören sich die Fragen an und beantworten sie. Ganz so, als säßen normale Menschen beieinander. Gibt's auch. Aber selten. Meistens Frauen.

Nun ist das Beantworten von Fragen ja nur die halbe Miete. Die andere Hälfte ist die Diskussion, gern **Schlagabtausch** genannt. Auch hier ist das wichtigste Ziel, die **Key-Message**, also die Kernaussage, an den Mann zu bringen. In jedem Fall gilt es, so viel Wellen zu schlagen, dass man nicht untergeht!
Sich zu sehr in den Vordergrund drängen ist aber auch nicht gut. Da wirkt man schnell wie ein Besserwisser und Rechthaber. Auch nicht ganz einfach!

Einen wichtigen Anteil am Geschehen in einer Talkshow hat die **Metakommunikation**. Metakommunikation ist die Kommunikation über die Kommunikation. Das Reden über das Reden. Hört sich kompliziert an, ist es aber nicht.

Ein Beispiel aus dem wirklichen Talkshow-Leben:
»*Lassen Sie mich bitte ausreden, ich habe Ihnen auch zugehört!*«

Das Merkwürdige an dieser Mutter aller Talkshow-Floskeln ist, dass sie auch beim 417. Mal funktioniert. Der zurechtgewiesene Unterbrecher wirkt immer ein bisschen schlecht erzogen. Allerdings verliert der unterbrochene Zurechtweiser fast immer den Faden. Meiner Schätzung nach gehen für derartige Rempeleien 2,7 % der Sendezeit drauf.

> ! Politiker kommen nicht dazu auszureden, weil sie ihre Zeit damit verschwenden, ihrem Gegenüber vorzuwerfen, dass er sie nicht ausreden lässt.

Vielleicht sollte man in politischen Talkshows – wie in der DSF-Fußball-Talksendung „Doppelpass" – auch manchmal ein Phrasenschwein aufstellen. Dann würden die Münzen klingeln, wenn Sätze wie diese fallen:

Politiker sagt	Politiker meint
Diese Frage stellt sich so nicht.	Am liebsten würde ich hier selbst die Fragen stellen.
Eigentlich reden wir hier über das falsche Thema: Wir sollten endlich über Bildungspolitik sprechen.	Wer hat mir die falsche Vorbereitung in die Mappe gelegt?

Der Blick in die Vergangenheit hilft uns hier nicht weiter, wir sollten nach vorne diskutieren.	Ich habe keine Lust, mich ständig für den Mist verprügeln zu lassen, den ich und meine Parteifreunde letztes Jahr verbockt haben ...*
Wollen wir heute Abend nur über Personen reden, oder geht es hier um die Sache?	Na gut, die halbe Welt fordert meinen Rücktritt, und meine Umfragewerte sind im Keller. Aber ist das wirklich sooo interessant?
Ich lasse das jetzt mal unkommentiert.	1000 Argumente könnte ich Ihnen nennen, dummerweise fällt mir nicht ein einziges ein.
Da fragt man sich: Worüber reden wir hier eigentlich?	Also wenn man mal fünf Minuten einnickt ...

* Lothar Matthäus hat es am besten auf den Punkt gebracht: »I look not back, I look in front.«

Journalisten sollten wissen, wie man die taktischen Tricks der Politiker aushebelt. Im Grunde haben wir es mit einem Wettrüsten zu tun. Der Politiker geht bei seinem Spin Doctor in die Lehre, der Journalist trainiert den Counter-Spin, also quasi die verbale Blutgrätsche.

Aber auch Journalisten haben ein solides Repertoire an Banalitäten. Auch sie verlieren gelegentlich den Durchblick oder kommen mit ihrem Halbwissen nicht mehr weiter. Dann helfen Allerweltsfragen wie diese:

» *Was heißt das jetzt konkret?* «
» *Und was sagt die Opposition?* «
» *Und wie erklären Sie das einer alleinerziehenden zweifachen Mutter?* «

! Sollten Ihnen während einer Talkshow derartige verbale Rettungsringe um die Ohren fliegen, schalten Sie sofort ab, oder schreiben Sie einen Zuschauerbrief!

Andererseits sind schlaue Fragen für die Moderatoren auch nur die halbe Miete. Sie haben auch noch andere Sorgen. Sie müssen sich bei ihrer Arbeit auch selbst beobachten und fragen, ob sie gut rüberkommen. Das heißt: schlau, informiert, witzig, attraktiv, fair, selbstlos und uneitel erscheinen. Auch nicht ganz einfach!

EWIG DIESES "PORZELLAN ZERSCHLAGEN". DARF ICH BEI IHNEN FÜR EIN PAAR KURZSCHLÜSSE SORGEN?
LAMPEN
SPD
GRÜ
CDU/CSU
F.D.P.
DIE LINKE

Das Sommerloch ist in der Regel ein Hochsommerloch. Juli, August. Die Politik macht Ferien, die Journalisten machen Ferien, und zahlreiche Wähler machen auch Ferien.
Die armen Kerle, die noch in den Redaktionen schmoren, langweilen sich. Ihr Dienst nennt sich Stallwache. Es passiert … nichts.

Jetzt schlägt die Stunde der Hinterbänkler. Das sind die Abgeordneten, die im Parlament normalerweise in der Economyclass sitzen. Auf Hinterbänkler hört auch in der eigenen Fraktion keiner – selbst wenn sie wirklich kluge Sachen sagen. Sie finden nur dann Beachtung oder kommen gar in die bundesweiten Medien, wenn sie sich danebenbenehmen oder öffentlich groben Unsinn erzählen.

Genau das geschieht jetzt – in der sitzungsfreien Zeit: Eine fixe Idee im Biergarten, eine Pressemitteilung mit Schmackes – und der Hinterbänkler ist endlich in allen Zeitungen! Mit Glück schafft er es gleich vorne auf die Bild-Zeitung, und dann können sogar Strandmiezen auf Lanzarote mitlesen und sich fragen, ob ihre Politiker neuerdings auch oben ohne sind.

Ein guter Sommerloch-Vorschlag ist: schlicht, absurd und undurchführbar.

TOP TEN der Sommerloch-Vorschläge

(aus Bund und Ländern)

Wehrpflicht durch Losentscheid	Hans Raidel (CSU)
Ausgehverbot für Kinder nach 21 Uhr	Norbert Geis (CSU)
Halbierung der Fernseh-gebühren im Sommer	Jan Dittrich (FDP)
Urlaubsreisen mit dem Flug-zeug nur noch alle 5 Jahre	Halo Saibold (B90/Grüne)
Weniger Kindergeld für schlechte Eltern	Markus Söder (CSU)
Bußgeld für zu lautes Radiohören im Auto	Wolfgang von Stetten (CDU)
Eignungstests für Katzenhalter	Sebastian Wegert (FDP)
Fußfesseln für Schulschwänzer	Jörg Schönbohm (CDU)
Gratis-Handys für Obdachlose	Bernd Köppl (B 90/Grüne)
Schoko-Steuer auf versteckten Zucker in Lebensmitteln	Brigitte Adler (SPD)

Die ewige Nummer eins unter den Sommerloch-Schlagzeilen hält Dionys Jobst. Er forderte im Sommer 1993:

Mallorca soll 17. deutsches Bundesland werden!	Dionys Jobst (CSU)

Schauen wir mal, ob auf diesen Vorschlag unsere Kriterien zutreffen. Zutreffendes bitte ankreuzen!

schlicht? ☐
absurd? ☐
undurchführbar? ☐

50 Milliarden Deutsche Mark war die Insel Herrn Jobst damals wert. Hinterher hatte er – natürlich – alles nicht so ernst gemeint.

Sommerlöcherige Vorschläge produzierte der Kollege Jobst gleich mehrfach: 1978 glänzte er mit dem Antrag, die Bundesregierung möge Franz Beckenbauer von seinem damaligen Arbeitgeber Cosmos New York freikaufen, auf dass er Deutschland bei der WM helfe.

? Einen der Sommerloch-Vorschläge habe ich mir ausgedacht. Viel Spaß beim Raten.*

---

* Auflösung auf Seite 74

Gerhard Schröder musste 2003 auf eine italienische Sommerloch-Variante reagieren. Tourismus-Staatssekretär Stefano Stefani hatte uns Deutsche als »*einförmige, blonde Supernationalisten*« beschrieben, die alljährlich »*lärmend über die Strände herfallen*«. Das konnte der Bundeskanzler, eigentlich auf dem Sprung nach Italien, nicht auf sich sitzen lassen. Er trat von seinen Urlaubsplänen zurück.
Anschließend musste der Staatssekretär zurücktreten.

Zur Verteidigung der Sommerloch-Aktivisten muss man anführen, dass die Boulevard-Zeitungen es ihnen leicht machen. Weil die selbst es schwer haben.
Hochsommer – das ist Saure-Gurken-Zeit. Da freut man sich über das Känguru Manni, ein Krokodil im Rhein und den Braun- bzw. Problembären Bruno. Alle drei Vierbeiner erwiesen sich als wahre PR-Spezialisten, die wussten, mit welchem Thema man es auf die Titelseiten schafft. In der Politik nennt man das Agenda Setting.

Was immer geht im Sommerloch: Urlaub. Macht jeder. Ist quasi Menschenrecht. Nur: wo?

Zu Beginn jeder Ferienzeit rufen Journalisten alle Spitzenpolitiker an und erkundigen sich nach dem Urlaubsort. In Boulevard-Zeitungen wird eine Weltkarte abgedruckt, mit Fähnchen im Harz und auf Sansibar – überall dort, wo deutsche Politiker Sandburgen bauen.

Verreisen ist ein zweischneidiges Schwert:
Zieht es den Minister nach Bad Segeberg oder auf Spiekerkoog, gilt er als **bescheiden** und **volksnah**. Man kann ihn aber auch leicht für **piefig** halten.
Urlaubt er in Brunei, Namibia oder Celébes, ist möglicherweise nicht nur die heimische Tourismusindustrie vergrätzt.

> Im Übrigen gibt es ja auch Dienstreisen in exotische Länder; der Abgeordnete muss sich nur von der Spielautomatenindustrie zu einer Studienreise nach Las Vegas einladen oder der deutsch-brasilianischen Parlamentariergruppe beitreten.

Den Besitz eines eigenen Ferienhauses sollte der Politiker nur dann zugeben, wenn es in Schildau in Sachsen steht. Dort spannt Lothar Bisky aus.
Anwesen im Ausland oder Übersee sind heikel. Geschickt verhält sich da Jürgen Rüttgers, der ein Domizil an der Côte d'Azur besitzt. Er vergisst nämlich nicht zu erwähnen, dass er am Haus herumbastelt, sich am Abwasch (von Hand!) beteiligt und persönlich das Familienauto (Renault Espace) fährt.
Ebenso Roland Koch, der einst der „Bunten" offenbarte, er habe auf dem Weg zum Urlaubsort den ADAC rufen müssen, da »*unsere alte Kiste es nimmer geschafft hat*«.

Und für wen selbst das noch zu viel Glamour ist: Angehende Bundestagsabgeordnete dürfen zwei Monate unbezahlten Wahlvorbereitungsurlaub machen. Den verbringen sie dann zwar auch unterm Sonnenschirmchen, aber leider vorm Kaufhof in der Fußgängerzone.

So geht Politiker-Urlaub:

Standard:	Pauschal-Urlaub auf Mallorca, nicht ohne sich öffentlich über die hohen Bierpreise zu beklagen.
Premium:	Eine zweiwöchige Radtour durch die neuen Bundesländer mit der Familie.
Unschlagbar:	Jedes Jahr in demselben Gasthof in St. Gilgen am Wolfgangsee in Österreich.

An dieser Stelle noch ein wichtiger Hinweis für Sozialdemokraten, die etwas werden wollen: Mit einem Urlaub auf einer deutschen Nordsee-Insel kann man nichts falsch machen. Es sei denn, man trifft Franz Müntefering beim Wattspaziergang und schlägt keinen großen Bogen um ihn. Der Mann will in den Ferien seine Ruhe und abends zum Shanty-Singen.

Auflösung von Seite 70:
Es ist der Eignungstest für Katzenhalter.

Schuldenberge, Haushaltslöcher

»*Wir müssen den Haushalt über die Einnahmeseite konsolidieren*« sagt der Finanzminister – mit Schweißperlen auf der Stirn. Wir knabbern weiter seelenruhig unsere Chips und denken: »*Na ja, auf* einer *Seite muss man ein Ungleichgewicht ja ausgleichen, oder?*«
Das Problem ist nur: Die Einnahmenseite des Ministers ist (meist) unsere Ausgabenseite. Und in der Politik gilt: Auf der Ausgabenseite geht es immer weiter nach oben. Da kriegt man schnell mal Seitenstechen.

In Diktaturen sind Steuererhöhungen ein Klacks. Der Kaiser legt fest, was des Kaisers ist und jagt die Steuerbüttel los. Die kassieren dann Salz-, Bart- oder Wegesteuer, ganz nach Belieben. Der Kreativität sind keine Grenzen gesetzt.

> **!** Immer noch ungeschlagen ist Kaiser Vespasians Steuer für die Nutzung öffentlicher Latrinen.
> Sein »*Geld stinkt nicht!*« ist ein Klassiker.

In Demokratien ist das Geldeinziehen heikler. Da nimmt man es nämlich dem Wähler weg. Und der kann sich rächen. Steuererhöhungen sind daher eine besonders delikate Angelegenheit. Deshalb werden sie nie vor der Wahl angekündigt. Nur die CDU hat 2005 mit dieser ungeschriebenen Regel gebrochen und munter verkündet:

»Wenn wir gewinnen, erhöhen wir die Mehrwertsteuer um zwei Prozentpunkte!«

Das war ein kühner Zug. Am Ende gab es eine Große Koalition und nicht zwei Prozentpunkte mehr Steuern, sondern drei. Dank der SPD. Die war im Wahlkampf noch gegen Erhöhungen, hatte das dann aber verdrängt.

Meist werden Steuersenkungen versprochen. Die Pläne werden nach dem Urnengang aber gleich wieder beerdigt, wenn die neue Regierung einen Kassensturz vorgenommen hat. Warum der immer erst nach der Wahl stattfindet, ist und bleibt ein Rätsel. Schließlich ist der Haushaltsplan der Regierung keine geheime NATO-Akte, da hätte man auch vorher mal reingucken können. Nach dem Kassensturz geben sich alle sehr überrascht vom wahren Ausmaß der Haushaltslöcher.

Für die Opposition ist der Moment gekommen, den Vorwurf der Steuerlüge zu erheben. Die Regierung beklagt deshalb in jeder Rede die Erblasten der Vorgängerregierung. Manchmal wurde sie aber *wieder*gewählt, hat also die Erblasten von sich selbst geerbt. Dann bieten sich als Argument die Folgelasten der Deutschen Einheit an. Obligatorisch ist der Zusatz:
»Verstehen Sie uns nicht falsch, auch wir haben die deutsche Einheit gewollt, aber …«

Die Opposition wird natürlich fordern, der Minister solle nicht die Steuern erhöhen, sondern sich erst einmal um seine eigene Ausgabenseite kümmern. Das heißt: Er soll sparen. Was Sparen ist, das wissen schon die Kleinsten: Wir mästen unser Sparschwein und können uns irgendwann was Schönes leisten.

Wenn Politiker sparen, heißt das nicht unbedingt, dass etwas übrig bleibt. Schon gar nicht für den Wähler. Politiker sparen sich nämlich gerne die eine oder andere Überweisung an die Bürger. Zum Beispiel fürs Pendeln oder Häuslebauen. Beides fällt aus der Sicht des Staates schnell in die Kategorie: teure und nutzlose Vergnügungen. Zur Verschleierung der Tatsachen tauft man diese Operation Subventionskürzung.

Für Subventionsabbau sind alle, sogar die Opposition. Denn Geld verschenken ist grundsätzlich unanständig. Und Subventionsempfänger sollten eigentlich ein schlechtes Gewissen haben, weil sie sich vom Steuerzahler päppeln lassen.

Subventionen sind außerdem nie gerecht. Irgendwer wird immer bevorzugt. Mal die Rapsbauern, mal die Pendler, mal die Alleinerziehenden.

Und wer sahnt da am meisten ab?
Ein pendelnder, rapsanbauender Single-Papa!

Deshalb wird gelegentlich die Rasenmähermethode vorgeschlagen – also überall gleich viel zu kürzen. Mag zunächst logisch klingen, ist aber kompliziert und passiert, wenn überhaupt, nur in homöopathischen Dosen.

Auch die Wirtschaft fordert gebetsmühlenartig Subventionsabbau. Das ist selbstlos und edel, denn sie ist ein großer Nutznießer der Transfers. Die Gebetsmühle hört aber dann auf zu mahlen, wenn es ans eigene Fell geht. Dann finden sich reichlich Gründe *für* Subventionen. Dann sind plötzlich ganze Branchen in Gefahr. Und die Konjunktur sowieso.

Wenn Sie ein Mastschwein im Stall haben, das keinen Zentimeter größer wird oder gar schrumpft, ist das traurig. Es hört sich besser an, wenn Sie sagen: *»Mein Schwein hatte im letzten Jahr ein Nullwachstum (oder Negativwachstum) zu verzeichnen.«*

Regierungen entschuldigen solche Durststrecken mit konjunkturellen Ursachen. Versuchsweise kann man dann strukturelle Reformen anmahnen. Obwohl doch alle ständig wiederholen:

> *»Politik kann keine Arbeitsplätze schaffen, sie kann nur für die Rahmenbedingungen sorgen.«*

Wenn die Regierung dort spart, wo die Opposition gerne großzügiger wäre, macht sie Politik nach Kassenlage. Sie gibt also nur das Geld aus, das sie hat. Normalerweise fordert die Opposition genau das (»*Man kann nicht mehr ausgeben, als man einnimmt!*«)

Pläne und Vorschläge sollten gegenfinanziert sein – sprich: den Staat nichts kosten. Was er mehr ausgeben will, muss er anderswo einsparen. Das tut er natürlich bei uns, den Wählern. Vater Staat versagt, um zu gewähren.

Paradoxerweise kann man also zugleich Nutznießer und Opfer von Umschichtungen sein – eine emotionale Achterbahnfahrt! Ich verliere meine Eigenheimzulage, könnte aber Zuschüsse für drei Solarpaneele auf dem Dach kriegen. Die Opposition spricht in diesem Fall vom Prinzip linke Tasche – rechte Tasche. Und der Häuslebauer merkt unter Umständen, dass er sich den ganzen Häuslebau nicht mehr leisten kann!

! **Nebenbei:** Pläne mit einem Haushaltsvorbehalt sind *immer* mit Vorsicht zu genießen. Haushaltsvorbehalt heißt übersetzt: Niemand hat auch nur den Schimmer einer Idee, woher das Geld kommen soll.

Ob es beim Sparen oder vielmehr beim Kürzen sozial gerecht oder ausgewogen zugeht, ist eine Frage des

Blickwinkels: Alleinerziehende Väter schauen anders in die Welt als Bad Homburger Millionärswitwen.

Volksvertreter, die Wert darauf legen, dass ihr Herz links schlägt, werden auf jeden Fall sagen:

»*Starke Schultern müssen mehr tragen als schwache*«.

»*Na super*«, sagen Sie und besorgen sich für Ihre Schulter gleich mal ABC-Pflaster. Denn im Zweifelsfall gehören Sie für alle Politiker, die gerade Geld brauchen, zu den Besserverdienenden.

Wenn die Politik Ihnen ein Sparpaket liefert, können Sie die Annahme nicht verweigern. Schließlich dürfen wir nicht zukünftigen Generationen die Schulden aufbürden. Also zahlen wir brav und stellen uns vor, unsere Steuern seien so etwas wie Taschengeld für die Enkel. Hauptsache, es bleibt in der Familie!

> **!** Vorsicht ist geboten, wenn ganz harmlos vom Anpassen die Rede ist. Das kann teuer werden.

Politiker-Diäten werden nach oben angepasst. Für die meisten von uns werden in der Regel aber leider nur Gebühren angepasst, und zwar auch nach oben. Es gibt da einen klaren Trend.
Anpassen heißt also Aufpassen!

Bleiben wir noch mal kurz bei den Einkünften unserer Volksvertreter. Alle Welt schüttelt den Kopf, wenn Politiker selbst über die Höhe ihrer Aufwandsentschädigung abstimmen. Das Verfassungsgericht hat aber entschieden, dass es nicht anders geht.
Wesentlich interessanter als die Diäten sind ja eigentlich auch die Zusatzeinkünfte. Über deren genaue Höhe erfährt man aus dem Bundestagshandbuch nichts, aber immerhin kann man nachlesen, was so nebenbei geht. Manche Abgeordnete brauchen erstaunlich viel Platz, um ihre zig Nebenjobs aufzulisten. Da darf man sich schon fragen, ob diese Volksvertreter noch die Zeit haben, uns zu vertreten. Und wer sie ansonsten wofür entschädigt.

Warum eigentlich Diäten:

Sie wundern sich vielleicht, warum Zahlungen, die ihre Empfänger ganz gut ernähren, so heißen, als müssten diese Hunger leiden. „Dies" heißt laut Langenscheidt Wörterbuch Latein „der Tag", Diäten sind also Tagegeld. Tatsächlich gibt es einen Teil des Geldes nur, wenn sich der Abgeordnete in die Anwesenheitsliste im Parlament einträgt. Danach kann er theoretisch nach Hause gehen – wie uns das Dutzende Europaparlamentarier vorgeführt haben. Ist ja auch so schön einfach. Aufstehen, frühstücken, Klamotten packen, hurtig im „Hohen Haus" vorbeihuschen und seinen Wilhelm auf der Liste machen (oder seinen William oder seinen Guillaume).

Persönlich unterschreiben muss er aber schon, dafür hat das Europaparlament unlängst gesorgt. Und kann daher stolz mitteilen:

» *Um die Fälschung von Unterschriften auszuschließen, ist nunmehr durch organisatorische Maßnahmen gewährleistet, dass Unterschriften in Anwesenheitslisten nur persönlich und eigenhändig geleistet werden können.* «

Ja, und wenn das erledigt ist, dann geht es heim. Freitag ab eins macht eben jeder seins.

Politiker sagt	Politiker meint
Wir müssen sparen.	Ihr müsst sparen!
Der Haushalt weist negative Deckungsreserven auf.	Der Haushalt hat Löcher wie ein Schweizer Käse.
Wir brauchen einen handlungsfähigen Staat.	Schnallt die Gürtel enger, Freunde!
Wir müssen radikal Subventionen kürzen.	Es kann jeden treffen!

Als Ausdruck unserer Sparbemühungen haben wir pauschale Minderausgaben in beträchtlichem Umfang festgelegt.	Wir versprechen zu sparen. Wo wir dann kürzen, darüber streiten wir noch. Kann dauern!
Das Kapital ist nun mal ein scheues Reh.	Wenn die Reichen steuerflüchten, dann seid ihr fürs Erste unsere Besserverdienenden, ne?
Durch die Vorziehung der Ausfinanzierung der Deckungslücke ergeben sich Steuermindereinnahmen.	Wie man's macht, macht man's verkehrt.
Die Bürger müssen mehr Eigenverantwortung übernehmen.	Von seinem sechsten Lebensjahr an ist jeder Deutsche für sich selbst verantwortlich!

DER ESEL TRITT HEUTE ALLEINE AUF. DER CLOWN, WO CDU DRAUFSTEHT, IST KRANK.
DER IN DER MANEGE KUGELNDE KÖRPER FEHLT IRGENDWIE. DAS LAUTE CLOWN-GEPLÄRRE.
SPD

Was wünschen sich Kinder? Einen Tag mal Bestimmer zu sein.
Was wünschen sich Politiker? Einmal im Leben **Minister** zu sein.

Erfüllt man Kindern ihren Wunsch, muss man erst in den Zoo, dann in die Spielwarenabteilung und zum Schluss in ein Fastfood-Restaurant, in dem es Pappkronen gibt.

Erfüllt der Wähler dem Politiker seinen Traum, ist der unter Umständen vier Jahre und länger Bestimmer. Eine Art Krone trägt er auch, denn alle sagen jetzt: »*Ja, Herr Minister*«.

Der Minister sucht sich einen bequemen Sessel aus und lässt das Büro seines Vorgängers umdekorieren. Hatte er früher zwei Mitarbeiter, hat er jetzt zweihundert. Das Ministerium nennt er »*mein Haus*«.

Ab jetzt darf er mit grüner Tinte schreiben. Und zwar nur er. Der Staatssekretär muss Rot nehmen und die Abteilungsleiter Blau. Als Minister kriegt man auch immer eine Karte für das Pokalendspiel. Und seine Kabinettskollegen auch.

Es ist schon erstaunlich, dass sich Lehrer oder Rechtsanwälte von heute auf morgen – sagen wir mal – zum Landwirtschaftsminister qualifizieren. Obwohl sie vorher von Ackerbau und Viehzucht keine Ahnung hatten. Aber man kann sich in die Materie ja einarbeiten. Außerdem gibt es **Ministerialbeamte**, die sich seit Menschengedenken um Biomais, Gammelfleisch und Milchquoten kümmern (Amtskürzel: BIGAMI). Manchmal verkaufen sie dem neuen Minister ihre alten Pläne als taufrisch. Einfach ein jungfräuliches Etikett drauf, und das Verfallsdatum verschiebt sich vier Jahre nach hinten. Spurt der Amtsneuling nicht, machen ihm seine Leute das Leben schwer.

Ministerialbeamte können selbst alte Profis ins Messer laufen lassen. Kurz vor der Bundestagswahl 2005 musste das Hans Eichel erleben. Da ging plötzlich ein Papier durch die Medien, das ein viel größeres Loch im Haushalt ausmachte, als es der Minister eingestanden hatte. Die Opposition triumphierte, der Minister grollte: CDU-nahe Beamte aus seinem eigenen Haus hätten das »*Machwerk*« zu verantworten und mit ernsten Konsequenzen zu rechnen.

> **!** **Merke:** Die fieseste Opposition kommt oft genug aus den Ministerien selbst.

Die wichtigste Aufgabe des Neuen ist es daher, beim Personal die Spreu vom Weizen zu trennen. Im Laufe einer Legislaturperiode sollte er all jene Mitarbeiter loswerden, die sich nach seinem Vorgänger sehnen und/oder in der falschen Partei sind. Sie werden vergrämt, weggelobt und in Außenstellen versetzt. Nach vier Jahren ist das meistens erledigt. Pünktlich zum nächsten Regierungswechsel. Dann kommt wieder ein Neuer, und das Spiel geht von vorne los.

Nicht nur die Unterstellten können einem Minister die Laune verhageln. Das besorgt gerne auch der Kanzler oder die Kanzlerin. Wenn die keine Lust zum Diskutieren haben, schwingen sie die Keule der Richtlinienkompetenz und verlangen Kabinettsdisziplin. Der Kollege Finanzminister macht zeitgleich Sparauflagen. Böswillige Journalisten stempeln unseren Minister zum Wackelkandidaten und schließen Wetten darüber ab, wie lange er noch an Bord bleibt. So richtig der Bestimmer ist eben selbst ein Minister nicht.

Und was ist mit den kühnen Plänen, die er einst in der Opposition entwarf?

einfaches Steuersystem

gerechte Gesundheitsreform

mutiger Bürokratieabbau

strikter Sparkurs

Jetzt heißt es nun aus dem eigenen Lager:

geht nicht!

und so schon gar nicht!

geht nicht durch den Bundesrat!

will der Koalitionspartner nicht!

landet beim Verfassungsgericht!

wird im Vermittlungsausschuss zerstückelt!

**Die Presse wird uns
in der Luft zerreißen!**

Und weil es manchmal auch gerecht zugeht in der Welt, tischt die Opposition unserem Minister jetzt dessen Zwischenrufe aus der vergangenen Legislaturperiode auf.

Seine Pläne und Vorschläge …

sind unausgegoren!

sind ein Schnellschuss!

sind über die Köpfe der Bürger hinweggemacht!

sind nicht durchdacht!

sind ein Vabanque-Spiel!

sind ohne jede wissenschaftliche Grundlage!

sind handwerklich schlecht!

gehen zulasten der kommenden Generationen!

sind sozial unausgewogen!

spalten das Land!

Selbst wenn die Vorschläge halbwegs einleuchten, sind sie aus der Sicht des politischen Gegners gerade mal …

- »*ein Schritt in die richtige Richtung, aber gehen bei Weitem nicht weit genug.*«
- »*ein Beweis für den Zickzackkurs der Regierung.*«
- »*ein Zeichen dafür, dass man auch dort endlich das Problem erkannt hat. Aber sie kommen … Jahre zu spät.*«

»*Sie haben Ihre Hausaufgaben nicht gemacht*« ist ein weiterer Klassiker aus dem Repertoire der Opposition. Die lieben Kollegen neigen eben dazu, der Regierung schlechte Noten zu geben. Noch lieber würden sie ihr Stubenarrest aufbrummen. Schön wäre auch ein Schulverweis.

Von der Regierungsbank schallt es zurück: Die Opposition mache Politik in **Wolkenkuckucksheim**. Sie verzapfe **verantwortungslose** bzw. **haltlose** Vorschläge, könne die **Realitäten** nicht **wahrnehmen** und wecke **vollkommen überzogene Erwartungen**.
Und dann kommt die Mutter aller Pauschalvorwürfe an die Opposition:
»*Sie reden doch nur das Land schlecht!*«

Von wegen! »*Deutschland kann mehr!*« findet die Opposition. Schließlich haben das Land und vor allem **die Menschen etwas Besseres verdient** als die aktuelle Regierung.

Außerdem ist Opposition nicht wirklich sexy.
Muster-Sozi Franz Müntefering hat das schön auf den Punkt gebracht. Die Münte-Doktrin lautet:
» *Opposition ist Mist. Lasst das die anderen machen.* «

Super, dass eine Partei eine Grundwertekommission hat, Programmdebatten führt und auf Sonderparteitagen philosophischen Grundsatzreden lauscht ... Am Ende geht es schlicht um die Macht.

Aus Krisen lernt man, heißt es. Wenn eine Fußballelf aus dem Pokalwettbewerb fliegt, freut sich der Trainer zähneknirschend darüber, dass man sich nun ganz auf die Liga konzentrieren kann. Ähnlich in der Politik. Wird eine Partei aus der Regierung rausgekantet, kündigt sie **inhaltliche Erneuerung** an. Man kann es auch wie der notorisch gut gelaunte Guido Westerwelle halten: Als **putzmuntere Opposition** beschrieb er 1998 die zukünftige Rolle seiner FDP. Erfunden hat dieses Schlagwort Joschka Fischer. 1997 war das, als die FDP noch mitregieren durfte und die Grünen noch nicht.

Die am besten gelaunte Opposition ist freilich die, mit der sowieso keiner koalieren will. Da kann man den lieben Gott einen guten Mann sein lassen und die unmöglichsten Dinge fordern: **Kurswechsel, Ministerwechsel, Paradigmenwechsel.**

Am nervigsten ist Opposition unter einer **Großen Koalition**. Die Koalitionäre kümmern sich kaum darum, was die Gegenseite sagt und halten sich nach Möglichkeit so lange am Rednermikrofon fest, bis der Saaldiener das Licht ausknipst.
Die „tageszeitung" hat das mal ausgerechnet: Wenn die Regierungspartei zwei Drittel der Mandate hat, kriegt sie auch zwei Drittel der Redezeit. Das verbleibende Drittel muss sich die Opposition teilen. Macht bei einem zwölfstündigen Sitzungstag und 20 Tagesordnungspunkten pro Oppositionspartei pro Thema $3^1/_2$ Minuten Redezeit. $3^1/_2$ Minuten sind natürlich ziemlich kurz. Das können Sie ja zu Hause gern mal ausprobieren: Sie stellen sich vor den Spiegel, legen eine CD ein und müssen sich als Oppositionspolitiker profiliert haben, ehe Britney Spears mit ihrem Song fertig ist.

Je länger jemand an der Regierung ist, desto leichter fällt der Sprung über den eigenen Schatten und ein Lob für den Erzfeind. Helmut Kohl hat in späten Jahren die Verdienste Willy Brandts und Helmut Schmidts gelobt. Gerhard Schröder war durch 15 Jahre Kohl-Ära traumatisiert, zollte seinem Amtsvorgänger aber Respekt.

! **Merke:** Macht macht milde. Keine Macht mehr macht manchmal noch milder (siehe auch Kapitel „Elder Statesman").

Was kann man mit einem Problem alles machen?
Oder:
Andere Worte für momentane Ratlosigkeit:

Politiker sagt	Politiker meint
Wir werden das Problem nüchtern und ohne Zeitdruck einer vernünftigen Lösung zuführen.	Ohne Rotwein und eine Nachtsitzung im Vermittlungsausschuss läuft da sowieso nichts.
Wir werden das ergebnisoffen prüfen und dann zu gegebener Zeit die Chancen und Risiken abwägen.	Ausnahmsweise wissen wir diesmal noch nicht, was bei unserer Prüfung rauskommen soll. Lassen wir uns überraschen.
Wir werden eine Arbeitsgruppe beauftragen, nach einer tragfähigen Lösung zu suchen.	Tür zu! Das macht mich nervös, wenn hier jeder meint, er kann mitreden.

Wir werden den Bedarf prüfen und dann auf der Basis belastbarer Zahlen entscheiden.	Moment mal. Solange ich keine Zahlen habe, die meine Meinung stützen, passiert hier gar nix.
Wir werden einen möglichst breiten gesellschaftlichen Dialog anstoßen und die Bürger so in den Entscheidungsprozess einbeziehen.	Also, das Thema ist mir wirklich wurst. Da könnt ihr mal Basisdemokratie spielen.
Wir werden einen Benchmarking-Prozess einleiten und dann von Best-Practice-Modellen unserer skandinavischen Nachbarn lernen.	Liebe Wissenschaftler, mir ist egal, wie ihr das hinkriegt, ich will meinen Vorschlag jedenfalls mit den Worten krönen: *»In Schweden oder Litauen funktioniert das schließlich auch!«*

Und ein paar Entschuldigungen, wenn es mal gar nicht läuft:

? Die Globalisierung

! Kann ich was dafür, dass Chinesen mit einem Dollar in der Woche auskommen?

? Die Demografie

! Kann ich was dafür, wenn im Fernsehen nur noch Volksmusik läuft?

? Die Konjunktur

! Kann ich was dafür, wenn die Leute 20 Jahre lang dieselbe alte Schrottkarre fahren?

? Die Verkrustungen am Arbeitsmarkt

! Kann ich was dafür, dass sich die Mittelständler so anstellen, bevor sie einen einstellen?

? Die Kosten der Einheit
(Variante: Die falsche Finanzierung der Einheit)

! Kann ich was dafür, dass Ossis auch Rente wollen?

BESSER ALS GEISTERBAHN UND SPIEGELKABINETT ZUSAMMEN. FÜHLEN SIE SICH WIE EIN POLITIKER AUF REISEN!!!
DIPLOMATISCHES PARKETT
KASSE

»Ich freue mich auf das Schwein«
sagt US-Präsident George W. Bush vor seinem Grillfest mit Bundeskanzlerin Angela Merkel. Derartig konkrete und sinnenfrohe Statements hört man selten, wenn Politiker auf Reisen sind. Das Gegenteil ist oft der Fall. Sobald der Mandatsträger den heimatlichen Boden unter den Füßen verliert, verlernt er endgültig seine Muttersprache. Und redet mit einem Mal die Sprache der Diplomatie. Die noch einen Zacken schärfer ist als die Sprache der Politik.

Das hat natürlich seinen guten Grund. Das diplomatische Parkett ist bekanntlich spiegelglatt. Kein Politiker will mit einem rhetorischen Ausrutscher den atomaren Countdown auslösen oder gar die deutsch-österreichischen Beziehungen belasten. Deshalb lässt er es mit Bedacht an Klarheit fehlen und baut vorsorglich die Heisenbergsche Unschärferelation in all seine Äußerungen ein. Glücklicherweise hat er das im Umgang mit dem Wähler ja geübt.

Wenn sich beispielsweise die Kanzlerin daheim mit Vertretern der Gewerkschaft trifft, dann verlaufen die Gespräche konstruktiv. Bei einem Auslandsbesuch kann man mit so einer spärlichen Floskel natürlich keinen Blumentopf gewinnen. Gespräche auf internationaler Ebene verlaufen grundsätzlich in partnerschaftlichem Geist und freundschaftlicher Atmosphäre.

Auf Pressekonferenzen sprechen Gast und Gastgeber von der Rolle und Bedeutung der bilateralen Beziehungen und ihres Ausbaus. Hin und wieder ist auch von der Rolle der Bedeutung die Rede und manchmal auch von der Bedeutung dieser Rolle. Handfeste Aussagen (»*Ich freue mich auf das Schwein*«) bilden wie bereits erwähnt die Ausnahme und schaffen es daher garantiert in die internationale Presse und in das kollektive Gedächtnis der Menschheit.

? Fragen Sie mal Ihre Freunde, was bei denen von dem deutsch-amerikanischen Gipfeltreffen in Mecklenburg-Vorpommern hängengeblieben ist.

! Ein Spanferkel!

? Und vom G8-Gipfel in Petersburg?

! Da hat doch der George Dabbeljuh der Angela die Schultern massiert! Obwohl die das gar nicht wollte!

Unaufgefordert körpernde US-Präsidenten muss eine deutsche Kanzlerin im Ausland natürlich irgendwie weglächeln. So ist das in der Welt der Diplomatie.

Was aber reden die Führer dieser Welt eigentlich so miteinander, wenn wir nicht dabei sind? Die Dolmetscher könnten es verraten, aber die machen so was nicht. Schließlich wollen sie ihren Job behalten. Außerdem müssen sie vermutlich seitenlange Geheimhaltungserklärungen unterschreiben, bevor sie das erste Mal einen launigen Kanzlergruß ins Hindi übertragen dürfen.

Selbst die ständige Anwesenheit von Übersetzern erspart Politikern nicht völlig den Gebrauch von Fremdsprachen. Nicht ganz unwichtig soll dabei Englisch sein. Von Joschka Fischer ist bekannt, dass er auf Teufel komm raus Englisch bimste – der Mann hatte halt den Ehrgeiz, auf der internationalen Bühne eine gute Figur zu machen.

Helmut Kohl war da viel gelassener. Er nahm die Sache locker. So sehr, dass man ihm ohne weiteres zutraute, Bush senior und Mitterand das *„Du"* angeboten zu haben – mit den Worten: »*You can say you to me*« beziehungsweise: »*Voulez-vous être perdu?*«
Am Ende hat zumindest Mitterand mit ihm Händchen gehalten.

Auf die Frage nach seinen Sprachkenntnissen soll der angehende Außenminister Hans Dietrich Genscher geantwortet haben, er wolle Außenminister werden und nicht Dolmetscher.

Das klappte dann auch, und dem Vernehmen nach wurde Genscher ganz gut verstanden. Selbst wenn er einen Satz mal nicht ganz zu Ende brachte. Erinnern Sie sich:

»*Ich bin heute Abend zu Ihnen gekommen, um Ihnen zu sagen…*«

Der Rest ging im Jubel der deutschen Botschaftsflüchtlinge in Prag unter.

> **!** Manchmal versteht man Politiker sogar ohne Worte.

Zum Glück ist es bei Staatsbesuchen und internationalen Konferenzen auch nicht soooo wichtig, dass die *Politiker* selbst alles verstehen; schließlich dienen die Treffen der Völkerverständigung. Und wenn die ganze Chose gut vorbereitet ist, dann haben die Beamten aller beteiligten Länder Kommunique und Protokoll schon vor dem Treffen fertig formuliert, und die müssen dann nur noch im Blitzlichtgewitter unterschrieben werden.

Bewegt sich der Politiker zu Hause schon mal wie in der Disco, rempelt und flirtet locker und hemdsärmelig auf der Tanzfläche herum, so benimmt er sich auswärts wie beim Tanztee mit Tischtelefon. Das Protokoll sorgt dafür, dass es angemessen steif und geordnet zugeht. Das Protokoll sind keine Zettel, sondern Menschen, die Staatsbesuche choreografieren wie eine Schwanensee-Aufführung.

Sie klären, wer neben und vor wem zu sitzen hat, welche Anrede einem stellvertretenden Vorsteher eines syrisch-orthodoxen Klosters gebührt und wer beim Galadinner als Erster mit seinem Nachtisch anfangen darf.

Irgendwann in der Geschichte der Politik ist anscheinend beschlossen worden, dass die Reisefreudigkeit von Staatsoberhäuptern als Gradmesser ihrer politischen Bedeutung gelten kann. Deshalb reisen ehrgeizige Bundespräsidenten und Bundeskanzler, als gäbe es kein Morgen. Und halten am Ende ihrer Karriere stolz fest, wie viele Länder sie geschafft haben. Auch Zwischenbilanzen werden gezogen. So ist 2007 auf der Homepage von Kanzlerin Merkel sehr schön anschaulich dargestellt, wo die Chefin überall schon war. Und was noch aussteht. Damit aber niemand auf die Idee kommt, das seien alles nur Lustreisen, erfahren wir auch: Auslandsreisen sind »*richtig anstrengend*« und durchaus »*nicht immer ein Vergnügen!*«

Noch weniger Spaß als Staats- und Regierungschefs haben dann wohl Außenminister, deren Berufsbeschreibung ja Reisefreudigkeit zwingend voraussetzt. Der Außenminister lebt sozusagen aus dem Koffer. Wofür er aber entschädigt wird, weil er daheim in der Heimat sehr beliebt ist. Kein Wunder, er ist ja gerade in Dubai oder Rio, wenn zu Hause die Steuern erhöht werden.

In der Tat macht der Job nicht immer Spaß. Schließlich muss der Minister auch schon mal unsympathischen Figuren die Hand schütteln: korrupten Potentaten, dekadenten Monarchen, blutrünstigen Diktatoren oder politisch engagierten, langhaarigen Rockstars (das hat Tony Blair erfunden). Auch deshalb haben Außenpolitiker gelegentlich den knittrigen Blick einer alten Indiandersquaw.

Manchmal findet man so aber auch neue Freunde – wie seinerzeit Joschka Fischer die Frau Albright. Und man trifft

Menschen mit originellen Namen wie Zbigniew Brzesinski oder Michail Sakaschwili, mit denen man Kamingespräche führen kann. Nachdem man mit einem Coach stundenlang geübt hat, wie man ihre Namen ausspricht.

Vertrauensbildende Maßnahmen wie gemeinsame Saunabesuche und Trinkgelage sind seit Ende des kalten Krieges deutlich zurückgegangen. Was den Unterhaltungswert von Staatsbesuchen spürbar dezimiert hat. Wer erinnert sich nicht gerne an Boris Jelzins Übungen als Dirigent oder Franz Josef Strauß' verzweifelte Suche nach seinem Portemonnaie? (Er hatte es sich stehlen lassen bei einem Ausflug in New York, der, sagen wir mal, außerhalb des Protokolls stattfand.)

Fatale Folgen können Gruppenreisen von deutschen Politikern in ferne Länder haben: Aus Mangel an ernsthaften Betätigungen im Gastland werden dabei gerne Putsch-Pläne für die Heimat geschmiedet, oder doch zumindest die bundesdeutschen Machtfragen der nächsten Jahrzehnte geklärt.
So soll das jedenfalls bei einer Gruppe junger männlicher CDU-Politiker 1979 beim Meerschweinchenessen in Südamerika gewesen sein. Sie gründeten den Andenpakt. Dieser gilt bis heute als sagenumwoben. Niemand der Beteiligten, darunter ausgewachsene Ministerpräsidenten und ein Bundesminister, ist bereit, öffentlich darüber

zu reden. Auch dass eine Frau aus dem Osten des Landes die Pläne der Herren durchkreuzt hat, ändert an der Verschwiegenheit augenscheinlich nichts.

Deutsche Politiker im Ausland haben eben verschiedene Möglichkeiten: Die einen fallen auf die Knie, andere nur unangenehm auf.
Alle Politiker, die in der Zeit nach Bundespräsident Heinrich Lübke fremde Länder besuchten, haben es allerdings relativ leicht, eine passable Figur zu machen. Lübke hat die Latte der Peinlichkeit so hoch gelegt, dass fast jeder spielend darunter durchmarschiert.

»*Sehr geehrter Herrr Präsident, sehr geehrte Frau Tananarive!*«

> **!** Die Ehefrau des Präsidenten mit dem Namen der Hauptstadt ansprechen, das schaffte bislang nur der große Sauerländer Lübke in Madagaskar!

Seine legendäre Begrüßung: »*Sehr geehrte Damen und Herren, liebe Neger!*« kann allerdings selbst durch aufwändigste Recherchen nicht bestätigt werden.

Übrigens hat sich der Mann Zeit seines Lebens mit vergleichender Sprachwissenschaft beschäftigt.

Politiker sagt	Politiker meint
Der intensive Austausch auf höchster politischer Ebene ist Ausdruck der hervorragenden bilateralen Beziehungen zwischen Deutschland und Tandoristan. Die gegenseitigen Staatsbesuche unterstreichen die freundschaftlichen Bindungen zwischen den beiden Ländern.	Gut, dass ich gestern noch mal bei Wikipedia nachgeschlagen habe, wo das liegt.
Beide Seiten messen diesem Besuch hohe Bedeutung bei.	Ich zumindest bin froh, dass ich meine Kabinettskollegen mal ein paar Tage los bin.
Eben haben wir ein sehr gutes Gespräch in einer freundlichen und offenen Atmosphäre geführt, und wir haben dabei breiten Konsens erzielt.	Ein bisschen warm war es schon, aber auf dem Tisch standen so leckere Nüsschen. Und gestritten haben wir uns wirklich nicht.

Wir haben ein sehr ausführliches Gespräch über viele Themen miteinander geführt. Das haben wir getan, weil wir sehr viele Themen miteinander teilen. Unsere Zusammenarbeit ist zu ihrer Bewältigung notwendig.

Ich kann Euch unmöglich verraten, dass wir uns über das Wetter, den neuen Porsche Geländewagen und Franz Beckenbauer unterhalten haben.

Wir sind uns einig, dass Deutschland und Tandoristan Partner und Freunde im umfassenden Sinne sind.

Also: umarmen und abknutschen wie bei Breschnew lass ich mich aber nicht!

Beide Seiten zeigten sich besorgt über die Lage im Nahen Osten. Es sei wichtig, dass man hier mit einer Stimme spreche. Hier müsse es eine konstruktive Lösung geben, die aber nur auf dem Verhandlungswege gefunden werden könne.

An destruktive Lösungen oder kriegerische Handlungen hatten wir *vor* diesem Gespräch auch nicht gedacht. Aber was soll's, klingt irgendwie ganz staatsmännisch.

Beide Seiten stimmen darin überein, den Zusammenarbeitsmechanismus in den Bereichen der Wirtschaft, des Handels, der Technologie und der Verteidigung weiter zu intensivieren.

Das machen jetzt aber hoffentlich die Herren Unternehmer, die im Flieger immer so laut Skat kloppen. Ich geh jetzt auf Safari.

Die erzielten Ergebnisse des Besuchs haben die Reife dieser bilateralen Beziehungen deutlich gemacht; denn diese Beziehungen haben die bisherige gute Entwicklungstendenz beibehalten.

Eine reife Beziehung habe ich mit meiner Gattin. Ich zweifle aber immer öfter an ihrer guten Entwicklungstendenz.

POLITIKER, DIE NICHT ZURÜCKTRETEN WOLLEN, KANN MAN DA HINEINLEGEN. EINIGE SIND VON SICH AUS REINGEKROCHEN.
SKANDAL-KLAPPE

Wussten Sie, dass von den 180 Frauen und Männern, die zwischen 1949 und 2005 Bundesminister waren, mehr als ein Drittel zurückgetreten ist? Genau sind es 72. Fünf von ihnen sogar zweimal.*

Der **Rücktritt** ist für einen Politiker der Albtraum schlechthin. Wenn ein Volksvertreter **seinen Hut nimmt**, vermutet man als Hintergrund immer etwas Anrüchiges oder Frivoles. Sex, Geld und Lügen spielen häufig eine Rolle. Das macht den Unterhaltungswert von Rücktritten aus.

Über einvernehmlichen Sex mit volljährigen, familienfremden Personen stürzt bei uns – anders als im prüden England – ein verheirateter Minister so gut wie nie.

Als zuverlässigerer Auslöser für den Absturz gilt hierzulande … der **Nazi-Vergleich**. Er ist *der* Evergreen unter den Rücktrittsanlässen, die Königsdisziplin des politischen Suizids, der rhetorische Heimatschuss!

---

* Ausgerechnet haben das die Herrschaften Beucker und Überall, die ein ganzes Buch nur über Rücktritte geschrieben haben. Pascal Beucker, Frank Überall: *Endstation Rücktritt – Warum deutsche Politiker einpacken*, Econ-Verlag.

»*Bush will von seinen innenpolitischen Schwierigkeiten ablenken. Das ist eine beliebte Methode. Das hat auch schon Hitler gemacht.*«

Bundesjustizministerin Herta Däubler-Gmelin hatte sich mal eben den mächtigsten Mann der Welt vorgeknöpft. Auf einem Wahlkampf-Abend vor 30 Gewerkschaftsfunktionären in der Derendinger Sportgaststätte.

Normalerweise verfolgt George W. Bush wohl nicht, was in schwäbischen Sportlerheimen vor sich geht. Nicht mal kurz vor der Bundestagswahl 2002. Aber auch in Derendingen gibt es Journalisten. Daher wusste man bald auch im Weißen Haus, wer die Professorin mit dem merkwürdigen Doppelnamen ist. Und Kanzler Schröder, selbst ganz gut im Bush-**Bashing**, musste sich nach gewonnener Wahl eine neue Justizministerin suchen. Denn Frau Däubler-Gmelin dankte ab, nachdem sie am Wahlabend noch gefragt hatte: »*Warum sollte ich?*«

Denkwürdige Nazi-Vergleiche produzierten auch Roland Koch (er fand, öffentlich die Namen Reicher zu nennen, sei eine neue Form von »*Stern auf der Brust*«) und Historiker Kohl (er nannte Gorbatschow und Goebbels in einem Atemzug).
Den Sozialdemokraten Ludwig Stiegler erinnerte der CDU-Wahlkampfslogan »*Sozial ist, was Arbeit schafft*«

an die Inschrift „Arbeit macht frei!" über dem Lagertor von Auschwitz.
Christian Wulff bezeichnete die Niedersachsen-Wahl 2003 als »*D-Day*«. Womit er die CDU mit den Alliierten verglich und die SPD charmanterweise mit Nazideutschland.
Von den vier Herren musste keiner zurücktreten. Sie kamen mit ein paar Kopfnüssen im politischen Feuilleton davon. Frau Däubler-Gmelin hatte sich schlicht mit Gegner und Timing vertan.

Auch der einzige Rücktritt eines Bundestagspräsidenten hatte mit der Zeit zwischen 1933 und 1945 zu tun. Philipp Jenninger hielt 1988 eine Rede zum 50. Jahrestag der Novemberpogrome. Darin suchte er nach einer Erklärung, warum die Deutschen so viel Begeisterung freisetzten – für das »*Faszinosum Hitler*«. Man warf ihm vor, sich nicht ausreichend vom Nationalsozialismus distanziert zu haben. Der Präsident nach seiner Demission: »Man muss daraus lernen. Nicht alles darf man beim Namen nennen – in Deutschland.«

> **Fazit:** Finger weg von Nazi-Vergleichen!
> Es sei denn, der Politiker ist amtsmüde und möchte zurückgetreten werden.

Abgedankt wird auch wegen kleiner Ungeschicklichkeiten: Das falsche Briefpapier benutzt, die falsche Faxnummer gewählt, versehentlich an die Verwandten eine Million überwiesen. Diese Vorgänge müssen dann erst einmal **rückhaltlos, bedingungslos** oder **brutalstmöglich aufgeklärt** werden.
In jedem Fall werden sie vom **politischen Gegner** in eine **zielgerichtete Kampagne** umgemünzt. Über die klagte auch Lothar Späth. Er hatte 1991 auf Kosten von Unternehmern Urlaub gemacht. »*Wenn der Herr Grundig mich einlädt*«, so Späth damals, »*soll ich den fragen, ob ich mich am Dieselkraftstoff beteiligen soll von seiner Jacht?*«

16 Jahre später fährt Monsieur Sarkozy nach einem Wahlsieg auf fremden Jachten zum Baden und muss nicht gleich wieder zurücktreten. Die Zeiten ändern sich halt.

Mancher Politiker braucht eine ganze Reihe von Affären und Skandalen, bis sein dickes Fell durchgescheuert ist oder die Parteifreunde den Problembären erlegen.

Bundesverkehrsminister Günther Krause zum Beispiel, der 1993 zurücktreten musste. Für seine Putzfrau gab es Geld vom Arbeitsamt. Den Zuschuss hätte er nicht gebraucht – mit seinem monatlichen Ministergehalt von 30.000 Mark. Herr Krause beschwerte sich wochenlang über die ungerechte Behandlung. Er habe doch nur versucht, einer Langzeitarbeitslosen »*Beschäftigung zu geben*«.
Man würde Minister Krause nicht gerecht, erwähnte man nicht seine Verwicklung in die sogenannte Raststätten-affäre oder sein Nichterscheinen im Schalck-Untersuchungsausschuss. Dort sollte er nach seinen Kontakten zu dem berüchtigten Stasi-Oberst befragt werden. Ging aber nicht, weil Minister Krause nicht da war.
Als ihn selbst sein Mentor, Kanzler Kohl, nicht mehr halten wollte, verabschiedete sich Krause. Sein Schwanengesang war eine rhetorische Meisterleistung. Er befand, dass in seinem Fall »*die Traumwelt der Irritation und*

die Realität bewusst verwechselt werden – zum bewussten Nachteil meiner Person«. Der Redenschreiber des Ministers war anscheinend auch schon nach Hause gegangen.

Selbst Jahre später gab es von Krause kaum ein Wort der Selbstkritik. In einem Interview im Jahr 2000 ließ er uns wissen:
»*Was ich anders machen würde, ist, die Leistungen, die meine Partei und auch ich selbst damals erbracht haben, cleverer in der Öffentlichkeit darzustellen. Das hat aber nur mit gewachsener Lebenserfahrung und nichts mit Reue zu tun.*«
Und wenigstens das beruhigt uns:
»*Für mich liegt die berufliche Zukunft mit Sicherheit nicht in der Politik.*«

Ein guter Grund für einen Rücktritt sind auch **politische Fehler**. Dabei ist es egal, ob der Politiker sie selber macht. Paradebeispiel: Die Abdankung von Bundeskanzler Willy Brandt im Mai 1974, die spektakulärste, die Deutschland vor der Wende erlebt hat. Anlass war bekanntlich die Enttarnung des DDR-Spions Guillaume. Brandt ging, weil er die Fehler anderer auf sich nahm.
Dieser Rücktritt zeigt, dass **Schuld** und **Verantwortung** nicht dasselbe sind. 1993 war Rudolf Seiters als Innenmi-

nister oberster Dienstherr der GSG-9-Beamten, die in Bad Kleinen schossen. Er trat zurück. Genau wie im Jahr zuvor Verteidigungsminister Gerhard Stoltenberg. Man hatte *versehentlich* Panzer in die Türkei geliefert.

Und dann gibt es auch noch die Sonderlinge, die aus **politischer Überzeugung** zurücktreten.
Justizministerin Sabine Leutheusser-Schnarrenberger trat 1996 zurück. Ihre Partei wollte den Lauschangriff. Sie nicht.
Angeblich **weil sein Herz links schlug**, verabschiedete sich Oskar Lafontaine im März 1999 – nach einem halben Jahr als Superminister für Finanzen und Wirtschaft. Gleichzeitig gab er sein Amt als SPD-Vorsitzender auf. Später nahm er den Chefposten bei der linken Konkurrenz ins Visier. Das macht ihn wohl auf ewig zum Liebling aller Sozialdemokraten.

Es gibt peinliche Rücktritte und stilvolle.
Christoph Palmer, Christdemokrat und Staatsminister in Baden-Württemberg, geriet bei einer Feier mit einem Bundestagsabgeordneten und Parteifreund (!) aneinander. Den beschimpfte er als »*Drecksau*« und »*Verräter*« und verpasste ihm Ohrfeigen.
Tags darauf trat Palmer zurück. Er bat »*die Öffentlichkeit um Verständnis, dass Menschen, auch wenn sie Minister sind, nicht ohne Emotionen sind*«.

Kein Nachtreten, kein Lamentieren, und seine saftige Abfindungszahlung spendete Palmer der Kirche. Sauberer Abgang!
Im folgenden Jahr holte er bei der Landtagswahl im Wahlkreis Stuttgart II mit großem Abstand (14,2 %) erneut sein Direktmandat. Sein Kollege sitzt derweil im Bundestag.

Politiker sagt	Politiker meint
Ich werde alle Fragen im parlamentarischen Untersuchungsausschuss beantworten.	Keine Ahnung, wie ich aus der Nummer wieder rauskomme. Gut, dass ich noch Zeit habe, mir was zu überlegen.
Ich habe selbst das allergrößte Interesse an einer raschen Klärung der gegen mich erhobenen Vorwürfe.	Ich sitz das irgendwie aus. Nächste Woche fliege ich erst mal nach Spanien. Vielleicht passiert ja inzwischen was Spektakuläres. Lebensmittelskandal oder Bundeswehrauslandseinsatz oder so.

Wir sind mit der Aufarbeitung der Fakten vollauf beschäftigt.	Die verdammten Akten sind ums Verrecken nicht zu finden.
An diesen Spekulationen möchte ich mich nicht beteiligen.	Wie um alles in der Welt haben diese Schweinejournalisten das alles herausbekommen?
Ich habe mich sehr über die demonstrative Unterstützung meiner Partei gefreut.	Meine Sekretärin hat mir eben verraten, dass eine Bürowette läuft, wer mein Nachfolger wird.
Ich gebe Ihnen mein Ehrenwort.	Kost' ja nix.

VON ALTKANZLER BRANDT UND SCHMIDT GIBT ES BRONZESKULPTUREN, UND VON IHNEN WILL DER KÜNSTLER KEINE MACHEN, HERR SCHRÖDER!?
...UND ICH KANN LEIDER NUR PORTRAITKARIKATUREN VON HELMUT KOHL.

Gibt es so etwas wie passive Politik? Politik im vegetativen Stadium?
Müsste es eigentlich. Denn aus der **aktiven Politik** zieht sich ein Politiker am Ende seiner Laufbahn zurück. Meist geht er nicht freiwillig. Oft wird er von jüngeren Kollegen einfühlsam dazu überredet. Manchmal auch von einem liebenden Ehepartner, der Presse oder der Steuerfahndung (siehe Kapitel „Affären, Skandale, Rücktritt").

> ! Zum Trost erhält der Überredete eine kleine Anschubfinanzierung, das **Übergangsgeld**.

Außerdem besorgen ihm treue Fans Stühle in Aufsichtsräten oder in der Jury einer Rateshow.
Manchmal schreibt er Bücher.
Oder alles zusammen.

Für uns ist ein solcher Rückzug leichter zu verkraften als für den Betreffenden selbst. Es soll Ex-Minister geben, die in den Privat-Wagen beharrlich hinten einsteigen, um VIP zu reisen. Was vor allem dann ungeschickt ist, wenn in der Familie sonst niemand einen Führerschein hat.
Und damit sind die Probleme noch nicht zu Ende. Ehefrau und Kinder sind ohne Weisungsbefugnis und Richtlinienkompetenz schwerer steuerbar als eine Abteilungsleiterrunde.

? Wer trägt jetzt den Koffer und programmiert das Handy?
? Wer sucht Zugverbindungen raus?
? Wer behält den Überblick über die Bonus-Meilen?
? Kurz: Wie soll der Ex-Politiker ohne Referenten, Büroleiter und Sekretärinnen all die Kulturtechniken des Alltags meistern?

Zum Glück sind die meisten ehemaligen Politiker Juristen. Wenn sie ihren Namen auf das Messingschild einer Kanzlei setzen, haben sie flugs wieder eine Sekretärin und ein Büro. Und vielleicht bald auch Mandanten statt Mandat. So kann man die Zeit bis zur Rente ganz kommod überbrücken.

Jüngere Ehemalige müssen noch eine ganze Weile auf ihre Rente warten. Aber meist nicht bis 67.

! Nach acht Jahren im Parlament gibt's Rente mit 65. Mit jedem zusätzlichen Jahr wird man ein Jahr früher Pensionär. Wer dem deutschen Volke 18 Jahre gedient hat, kriegt seine Rente mit 55.

In der Politik ist halt vieles ein bisschen anders als im richtigen Leben.

Normale Abgeordnete kehren oft in ihren bürgerlichen Beruf zurück – als Sozialversicherungsfachangestellter, Industriemechaniker und Sportlehrer. Wenn sie – was häufiger vorkommt – Beamte sind, spricht das Gesetz von ihrer **Wiederverwendung**, einer Art Politiker-Recycling.

Vom Staatssekretär aufwärts müssen die Ehemaligen aber in der Regel nicht wieder als Sportlehrer, Sozialversicherungsfachangestellter oder Industriemechaniker arbeiten. Oft werden sie **Berater** (die beraten Politiker im Umgang mit Nichtpolitikern) oder **Lobbyisten** (die beraten Nichtpolitiker im Umgang mit Politikern). Beides ist besser bezahlt als Sportlehrer.

Machtverlust bedeutet gelegentlich Liebesentzug. Manche Parteifreunde grüßen nicht mehr so enthusiastisch – weil man als Karrierehelfer ausfällt. Andere werden plötzlich überfreundlich – schließlich hat man Posten freigemacht. Dafür avanciert der Politiker jetzt vom Mitglied zum **Ehrenmitglied** und vom Vorsitzenden zum **Ehrenvorsitzenden**. Ärgerlich: Statt wie gewohnt mit großem Helau in die Halle einzuziehen, wird er auf Parteitagen erst nach der Delegation der rumänischen Eisenbahnergewerkschaft begrüßt.

Im Leben von Ehemaligen gibt es auch erfreuliche Veränderungen: Für denselben lauen Vortrag, den der Minister unlängst gratis vor Parteisenioren hielt, zahlt eine Versicherungsgesellschaft plötzlich richtig Geld. Früher musste er in Sportlerheimen seine Rednergabe verschwenden. Jetzt strömt zahlendes Publikum in seine Vorträge und Lesungen. Es erwartet weise Worte von ihm, weil er das **politische Tagesgeschäft** aufgegeben hat. Ein sicheres Anzeichen dafür, dass er zum **Elder Statesman** geworden ist.

> ! Den deutschen Ehrentitel **Staatsmann** bekommen nur wenige zu Lebzeiten (Helmut Schmidt, Hans Dietrich Genscher oder Helmut Kohl). Für alle anderen gilt der Satz von Harry S. Truman: »*Ein Staatsmann ist ein Politiker, der vor 15 Jahren gestorben ist.*«

Dramatisch ist für die meisten Ex-Politiker der Wegfall sämtlicher Interview-Anfragen. Um sich zu rächen, lassen viele ihre **Memoiren** schreiben. Prominente Ex-Politiker finden prominente journalistische Helfer, die mit ihnen Zettelkästen und Kalender zu Text verwursten.

Es gibt – grob unterschieden – zwei Möglichkeiten:

Entweder der Politiker erklärt noch mal, warum er das, was er getan hat, tun musste und nicht besser hinkriegen konnte.

Oder er erklärt, was man unbedingt mal machen müsste … wenn man Politiker wäre!

In den Grabbelkisten von Buchhandlungen stößt man auf mancherlei Mutiges, Zukunftsorientiertes und Visionäres:

Erwin Teufel, Maß und Mitte. *Mut zu einfachen Wahrheiten,* 2006.
Roman Herzog, *Mut zur Erneuerung,* 2000.
Friedrich Merz, *Mut zur Zukunft,* 2002.
Johannes Rau, *Lust auf Zukunft,* 2006.
Oskar Lafontaine, *Die Gesellschaft der Zukunft,* 1988.
Roland Koch, *Vision 21,* 1998.
Georg Milbradt, *Kraft der Visionen,* 2003.

Sollten Sie selbst mal zur Feder greifen wollen, müssen Sie die Zutaten nur munter neu zusammenrühren. Kleiner Test gefällig?

Kraft für die Vision der Zukunft
Visionäre Kraft für den Mut zur Zukunft
Zukünftiger Mut für kraftvolle Erneuerung
Lust auf den Mut zur Vision

Funktioniert doch!

Mit wachsendem Abstand zu seiner aktiven Zeit wird der Ex-Politiker zum Liebling der Medien und zum Albtraum seiner Parteifreunde. Er weiß nämlich immer alles besser und findet gerne auch mal – ganz staatsmännisch – Vorschläge des politischen Gegners plausibel.

Lebenswichtig wird es für den Elder Statesman, sich in Alltagssituationen wieder normal auszudrücken.
Die folgenden Statements sind nur bedingt verständlich:

? *Du musst dein Haushaltsproblem auf der Ausgabenseite lösen. Im Interesse der Generationengerechtigkeit werde ich an meinem bisherigen Sparkurs festhalten.*

! Der Sohn will doppelt so viel Taschengeld.

? *Hier herrscht Entscheidungsbedarf. Meine Frau und ich werden diese Frage ohne Hast einer sachgerechten Lösung zuführen!*

! Die Marktfrau fragt: »*Soll ich Ihnen eine Plastiktüte dazu geben?*«

? *Mir ist derzeit nichts Gegenteiliges bekannt. Ich werde ihr jedenfalls zeitnah mitteilen, dass Sie Gesprächsbedarf angemeldet haben.*

! Der Freund der Tochter fragt, ob Melissa daheim ist.

Wir stehen derzeit einer größeren Deckungslücke gegenüber. Ich gebe Ihnen eine Finanzierungszusage unter Haushaltsvorbehalt.

Der Handwerker legt seine Rechnung vor.

Was glauben Sie, mit wem Sie es zu tun haben? Notfalls gehe ich in dieser Sache bis nach Karlsruhe!

Die Politesse sagt: »*Sie stehen im Halteverbot, das gibt ein Knöllchen.*«

Ihr Verhalten ist zynisch und menschenverachtend. Das ist ein Fall für den Internationalen Gerichtshof in Den Haag.

Die Politesse sagt: »*Die Gesetze gelten für alle.*«

Wenn man das Suchwort „Politikerwitze“ bei Google eingibt, meldet die Suchmaschine in 0,18 Sekunden 210.000 Treffer. Klar, über Politiker kann man Witze machen.
Gibt man das Suchwort „Wählerwitze“ ein, gibt es 0 (!) Treffer. In Worten: *Null!* Stattdessen fragt Google verschämt an: »*Meinten Sie … Führerwitze?*«

Anscheinend gibt es in Deutschland keinen einzigen Wählerwitz. Was ja wohl Bände spricht. An uns Wählern ist eben nichts Lächerliches; über uns kann man keine Witze machen.
Wir haben drei Tageszeitungen abonniert, kennen unseren Abgeordneten namentlich und lesen nach dem „heute-journal“ vor dem Einschlafen noch ein wenig im Grundgesetz.
Fallen wichtige Urnengänge oder gar Richtungswahlen in unsere Urlaubszeit, wählen wir vorab per Brief und verfolgen das Event dann von unserem politisch korrekten Urlaubsort aus – sei es auf Spiekeroog oder in Derendingen.
Die Programme aller seriösen Parteien stehen in unserer Handbibliothek, wir verpassen keinen Video-Podcast der Bundeskanzlerin.

Wir, die Wähler, sind die Hoffnung dieser Nation! Als überzeugte Demokraten, meinungsfreudig, tolerant und kritisch, wirken wir täglich mit Leidenschaft und Augenmaß daran mit, dass unser Heimatland noch schöner wird! Die Politiker sollten sich an uns ein Beispiel nehmen!

Liebe Mitbürgerinnen und Mitbürger! Weiter so!

Ihre

Berlin-Mitte, 2007

P.S. Bleiben Sie heiter – irgendwie!

Lachen ist die beste Medizin

Dr. med.
Eckart von Hirschhausen:
Der Comedy-Arzt Ihres Vertrauens

Langenscheidt
Arzt-Deutsch / Deutsch-Arzt
ISBN 978-3-468-73177-8
€ 9,95 [D]
€ 10,30 [A]
CHF 18,20

Langenscheidt
...weil Sprachen verbinden